和秋叶一起学

秒懂
后期修图

全彩印刷

PS+AI

实例精讲

秋叶　孙傲　编著

人民邮电出版社

北京

图书在版编目（CIP）数据

秒懂后期修图：PS+AI实例精讲：全彩印刷 / 秋叶，孙傲编著. -- 北京：人民邮电出版社，2025. -- ISBN 978-7-115-67782-2

Ⅰ. TP391.413

中国国家版本馆 CIP 数据核字第 2025S0T700 号

内 容 提 要

本书旨在快速提高图片后期修图能力，助力读者快速攻克生活与工作中遇到的图片有瑕疵、不精致、没风格、不个性等问题。

全书精心编排 7 个章节，内容涵盖形态修饰、色彩调整、皮肤与五官、形体与背景、人像写真、校正美化、特殊风格等方面。书中包含了生活与工作中常用的 Photoshop 后期修图技巧，每种技巧都配有清晰的使用场景说明、详细的图文操作说明、配套练习，以及动画演示，全面而直观地展现 Photoshop 的强大后期修图能力。

本书紧贴初学者的认知曲线，内容由浅入深，语言表述通俗易懂，适合对 Photoshop 感兴趣的初学者阅读。

◆ 编　著　秋　叶　孙　傲
责任编辑　王旭丹
责任印制　王　郁　胡　南

◆ 人民邮电出版社出版发行　　北京市丰台区成寿寺路 11 号
邮编　100164　电子邮件　315@ptpress.com.cn
网址　https://www.ptpress.com.cn
临西县阅读时光印刷有限公司印刷

◆ 开本：880×1230　1/32
印张：5　　　　　　　　　　2025 年 9 月第 1 版
字数：139 千字　　　　　　　2025 年 9 月河北第 1 次印刷

定价：49.80 元

读者服务热线：(010)81055410　印装质量热线：(010)81055316
反盗版热线：(010)81055315

这是一本适合利用碎片化时间学习的职场技能类图书。

目前市面上很多职场技能类图书的内容大多偏向大全型，不太适合职场新人"碎片化"阅读。因为，对于急需提高职场技能的职场新人而言，他们并没有太多完整的时间去阅读、思考、记笔记。他们更需要的是一本能够随用随查、快速解决问题的字典型技能类图书。

为了满足职场新人的办公需求，我们精心策划并编写了本书，针对职场新人关心的痛点问题——解答。我们希望读者无须投入过多的时间去思考、理解，翻开书就可以快速找到所需信息，及时解决工作中遇到的问题，真正实现"秒懂"。

此外，我们在介绍传统知识的基础上，对 Photoshop 中的 AI 功能进行了讲解。这些 AI 功能内置了多样的滤镜蒙版和丰富的风格预设选项，这些蒙版和预设选项能够简化后期修图的复杂过程，轻松迅速地完成图片的后期处理。不过，鉴于 Photoshop 自身更新较为频繁，不同版本之间在部分功能名称和内置素材方面存在一定差异，建议大家依据自己所使用的版本灵活变通学习。

本书有着开本小、内容新、效果好的特点，紧紧围绕让工作变得轻松高效这一编写宗旨，根据职场新人的"刚需"来设计内容。它不仅提供了针对性的解决方案，还全面涵盖了 Photoshop 的核心功能与实用技巧，确保读者在解决问题的同时，能够深入理解背后的原理与方法，做到"知其然亦知其所以然"。

因此，本书在撰写时遵循以下两个原则。

（1）内容实用。为了保证内容的实用性，书中所列的技巧大多来源于真实的场景，汇集了职场新人最为关心的问题。同时，为了进一步提升本书的实用价值，我们还借鉴了抖音、快手平台上的一些热点技巧，并择要收录。

（2）查阅方便。为了方便读者查阅，我们将收录的技巧分类整理，使读者在看到标题的一瞬间就知道对应的知识点可以解决什么问题。

我们希望本书能够满足读者的"碎片化"学习需求，帮助读者及时解决工作中遇到的问题。

做一套图书就是打磨一套好的产品。希望"秋叶"系列图书能得到读者发自内心的喜爱及口碑推荐。

我们会在未来的创作中精益求精，与读者一起进步。

编著者

2025 年 3 月

目 录

中篇　人像照片修饰

▶▶第 7 章　特殊风格：轻松制作艺术感照片 / 131

上篇
商品展示图修饰

▶ 第 **1** 章 ◀
形态修饰：使商品展示图的观感更精致

　　提升商品的精致度是增强商品展示图竞争力的重要手段，细节的处理对商品展示图来说尤为重要，它可以使客户感受到商家的用心与专业。本章主要解决大家在日常拍照过程中遇到的由于透视变形、模糊、杂物、划痕、褶皱等多种原因使商品展示图不够精致的问题。

01 透视变形：如何使用工具校正图片？

　　再高明的拍摄，有时也会出现商品展示图透视变形的问题。如何使用 Photoshop 轻松校正变形的图片呢？

处理前　　　　　　　　　　　　　　　处理后

1 打开图片。在工具栏中选择"透视裁剪工具"选项 ⊞。

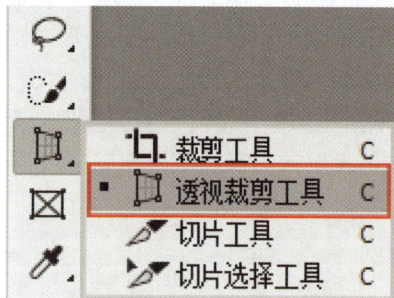

2 在图片上从左上到右下拖曳鼠标，绘制裁剪框。

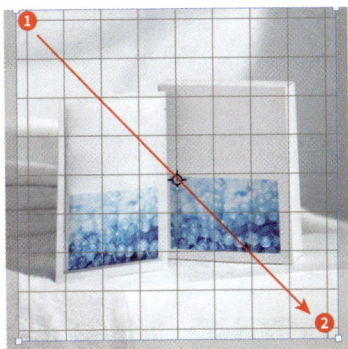

3 向右拖曳左上角的控制点。

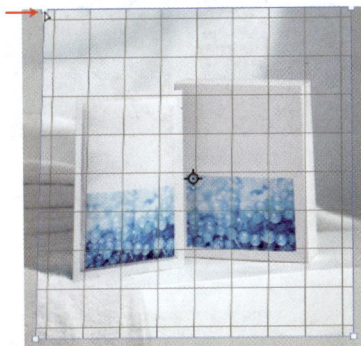

4 向左拖曳右上角的控制点。

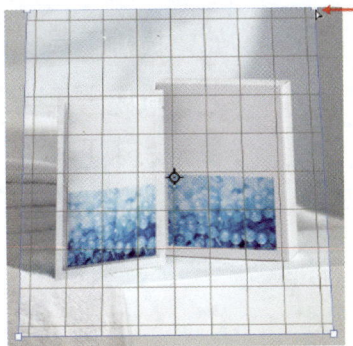

5 按 Enter 键确定操作，可轻松校正透视变形的图片。

02 商品模糊：如何将图片变清晰？

　　在商品拍摄时，由于抖动、失焦等失误会造成照片模糊。如何使用 Photoshop 将模糊的照片变清晰呢？

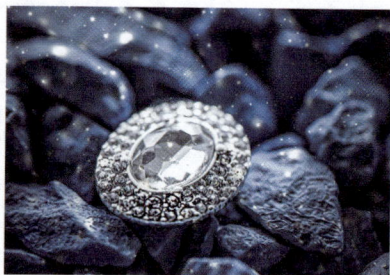

处理前　　　　　　　　　　　　处理后

1 打开照片。在工具栏中选择"锐化工具"选项 △.。

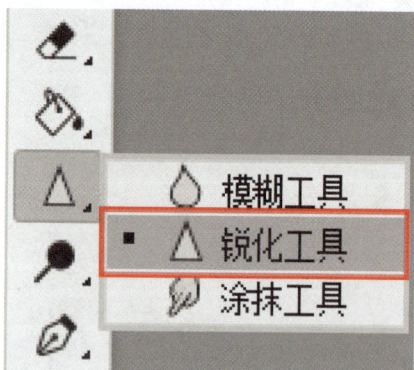

2 在照片中单击鼠标右键，弹出"设置"面板，将"大小"选项设置为 80 像素。

3 在照片上适当的位置多次涂抹，即可将模糊的商品变清晰。

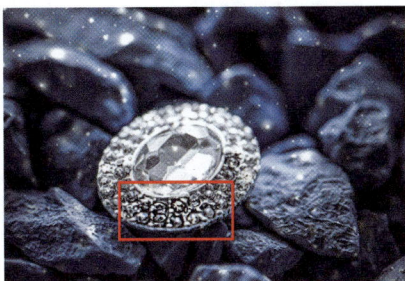

03 去除冗余：如何去除画面中不需要的杂物？

在拍照的时候，难免会拍上多余的内容或装饰。如何使用 Photoshop 快速去除画面中不需要的杂物？

处理前

处理后

① 打开照片。在工具栏中选择"移除工具"选项 。

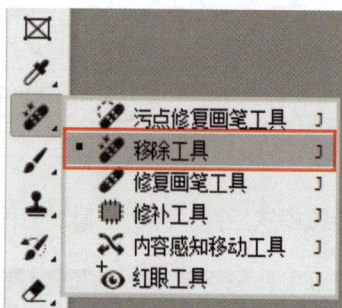

② 在照片中不需要的装饰品上进行涂抹。

③ 松开鼠标，涂抹处的装饰品被去除。

04　修复划痕：如何修复商品划痕破损？

在移动商品的过程中可能会出现划痕等破损问题，会导致拍摄出的照片观感不佳。如何使用 Photoshop 快速修复商品展示图中的划痕呢？

处理前　　　　　　　　　　　处理后

1 打开照片。在工具栏中选择"污点修复画笔工具"选项 。

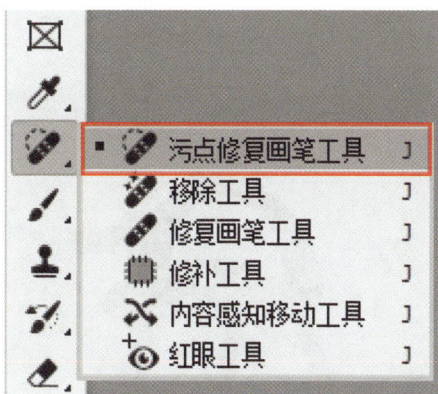

2 按 Ctrl++ 组合键，放大图片，显示划痕。

3 在划痕上拖曳鼠标，松开鼠标即可修复划痕。

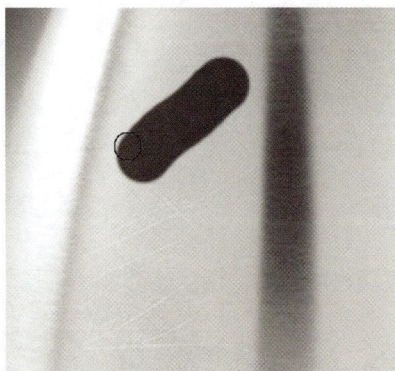

4 多次涂抹，直到划痕全部修复。

05 去除褶皱：如何去除衣物上的褶皱？

衣服在拿起、放下、移动的过程中总是会产生褶皱。如何使用 Photoshop 快速去除衣物上的褶皱呢？

处理前　　　　　　　　　　　处理后

1 打开照片。在工具栏中选择"仿制图章工具"选项 ▲.。

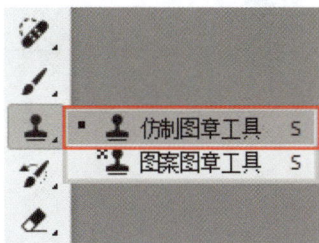

2 在照片中单击鼠标右键，弹出"设置"面板，将"大小"选项设置为 40 像素。

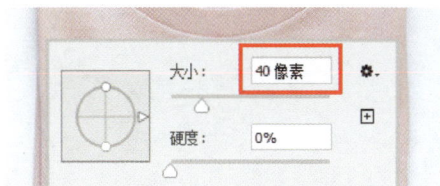

3 选择衣服的光滑部分，按住 Alt 键的同时，单击鼠标，完成对衣物的采样。

4 在褶皱的位置一点一点涂抹，即可去除衣物上的褶皱。

▶ 第 2 章 ◀
色彩调整：改善拍摄中效果不佳的颜色

修校拍摄中颜色不佳的照片，不仅能更好地展示商品的细节，还可以提升品牌形象，增强消费者对品牌的信任感和好感度，从而提升销量。本章主要解决大家在日常拍摄过程中遇到的由于设备、光线、技术、背景等多种原因使拍摄的照片颜色不佳的问题。

01 白色背景：如何轻松做出商品白底图？

拍摄白底图时不会用光？画面灰暗没有质感？使用 Photoshop 可以轻松将照片转换为专业的白底图，提升商品的展示效果。

处理前　　　　　　　　　　　　　处理后

1 打开照片。在工具栏中选择"对象选择工具"选项 ⬚。

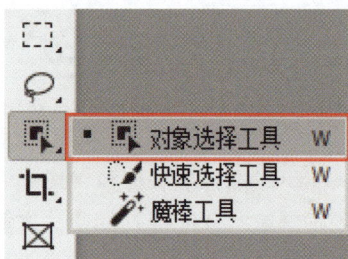

2 将鼠标放置到照片主体上，查找到主体对象。

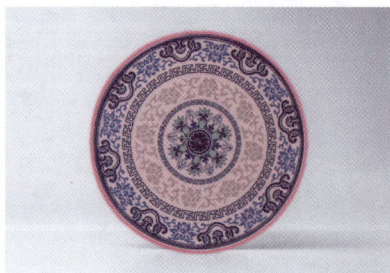

3 单击鼠标生成选区。

4 按 Shift+Ctrl+I 组合键，反选选区。

5 按 Ctrl+M 组合键，弹出"曲线"对话框，在曲线上添加控制点，拖曳到适当的位置，单击"确定"按钮。

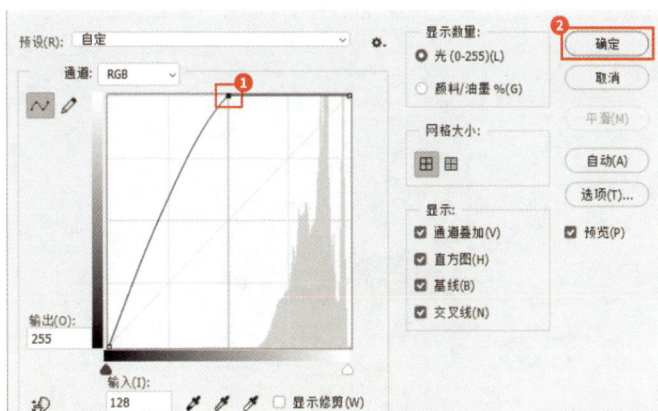

6 单击"上下文"任务栏中的"取消选择"按钮，取消选区。

02 调整偏色：如何处理照片偏色问题？

在商品拍摄时，由于光线角度等问题，可能导致照片存在偏色的情况。如何使用 Photoshop 轻松化解呢？

处理前   处理后

1 打开照片。在"图层"控制面板中，单击"创建新的填充或调整图层"按钮 ●。

2 在弹出的菜单中选择"可选颜色"命令。

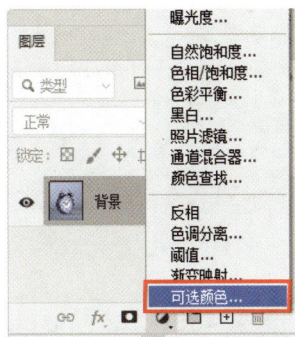

3 在"属性"控制面板中，将"颜色"选项设置为蓝色，"青色"选项设置为 +42%，"洋红"选项设置为 -32%，"黄色"选项设置为 -58%，"黑色"选项设置为 +70%，按 Enter 键确认操作。

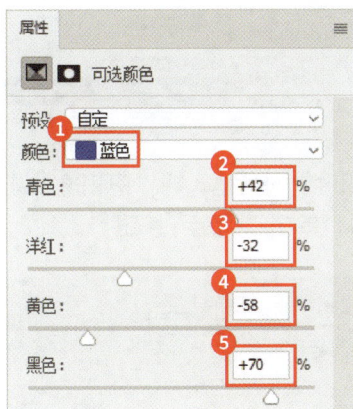

03 照片增色：如何快速改善不够饱和的照片色彩？

若照片中色彩饱和度低、偏暗，那么如何使用 Photoshop 快速改善呢？

处理前   处理后

1 打开照片。选择"图像 > 调整 > 色相 / 饱和度"命令。

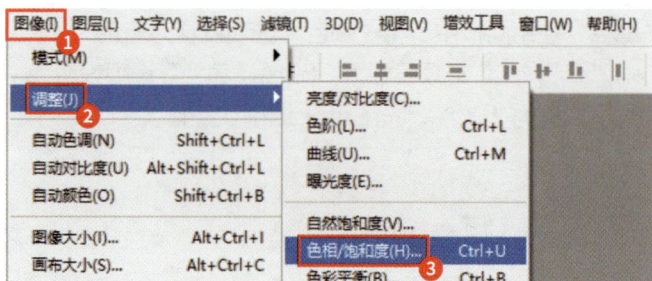

2 弹出"色相 / 饱和度"对话框，将"饱和度"选项设置为 +36，"明度"选项设置为 +14，单击"确定"按钮。

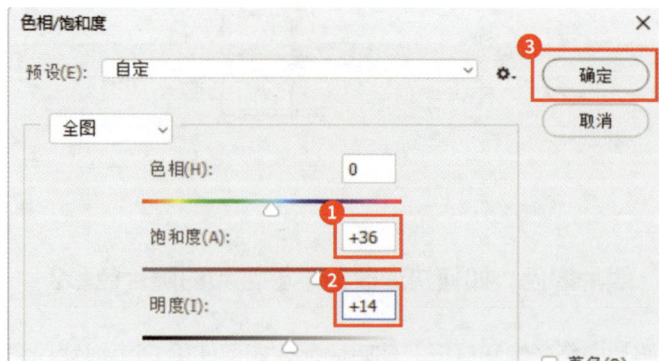

04　曝光不足：如何实现自动调节曝光？

若拍摄商品时，对环境或商品的亮度估计不足，会使照片曝光不足。如何使用 Photoshop 自动调节曝光呢？

处理前　　　　　　　　　　　处理后

1 打开照片。按 Ctrl+J 组合键，复制照片，生成"图层 1"。

2 选择"滤镜 > Camera Raw 滤镜"命令。

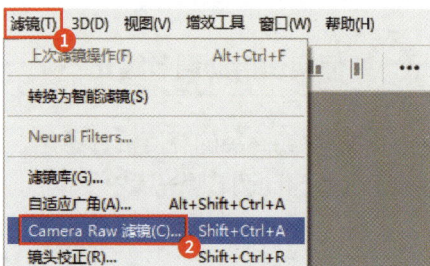

3 弹出"Camera Raw 滤镜"对话框，按住 Shift 键的同时，将"亮"选项组的选项变为自动选项。

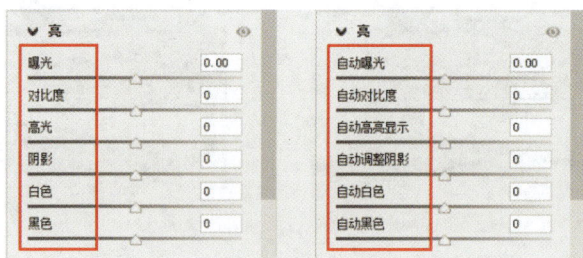

4 依次单击"亮"选项组选项，自动显示调整值，单击"确定"按钮。

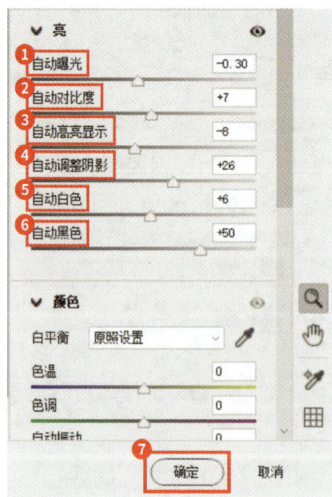

05 商品改色：如何实现"同款不同色"的效果？

展示同款不同色的商品时，反复拍摄，费时又费力。如何使用 Photoshop 快速实现改色呢？

处理前　　　　　　　　　　　处理后

1 打开照片。按 Ctrl+J 组合键，复制照片，生成"图层 1"。

2 选择"滤镜 > Camera Raw 滤镜"命令。

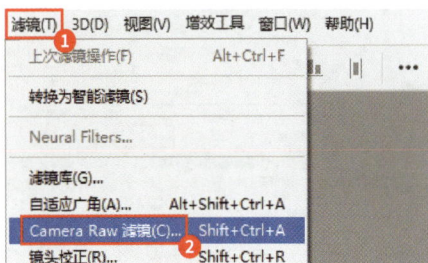

3 弹出"Camera Raw 滤镜"对话框，单击右侧的"蒙版"按钮，选择"物体"工具。

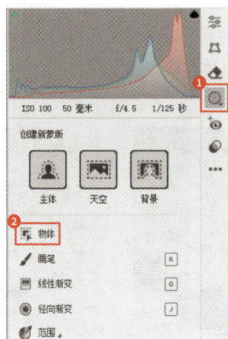

4 使用"矩形选择"工具，在预览框中框选照片主体。

5 将"色相"选项设置为 –102.2，单击"确定"按钮。

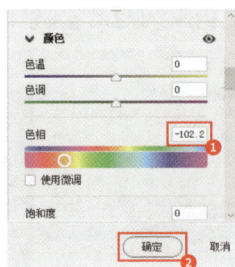

中篇
人像照片修饰

▶ 第 **3** 章 ◀
皮肤与五官：修饰皮肤和五官的瑕疵

　　爱美之心，人皆有之。一张好看的人像照，不仅能让自己信心倍增，还能给他人留下好的印象；一张风格独特的人像照，更是可以让你的魅力值加分。本章主要解决大家在日常拍照过程中，由于痘痘、皱纹、油光、妆容等多种原因导致的人像照人物面部不够美观的问题。

01 修饰瑕疵：如何去除脸上的瑕疵？

再高的颜值，有时也难免遇到斑点和痘痘的问题。如何使用 Photoshop 去除人物照片脸上的斑点和痘痘呢？

处理前 　　　　　　　　处理后

1 打开照片。在"图层"控制面板中，单击"创建新图层"按钮 ⊞。

2 在工具栏中选择"污点修复画笔工具"选项 ✐。

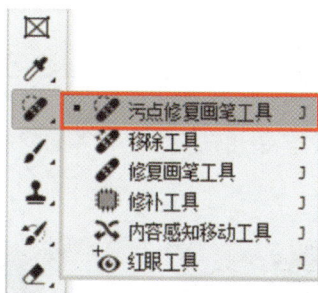

3 在属性栏中单击"内容识别"按钮，勾选"对所有图层取样"复选框。

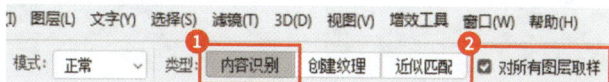

4 在照片上单击鼠标右键，弹出"设置"面板，将"大小"选项设置为 40 像素，"硬度"选项设置为 0%。

5 拖曳鼠标指针到需要去除痘痘的位置，单击鼠标左键，即可将其去除。

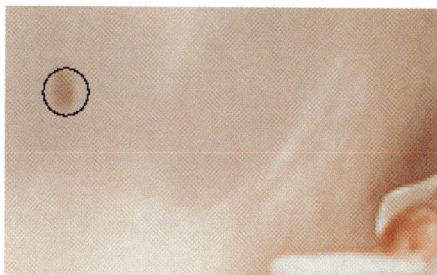

02 去除油光：如何改善人物面部出油问题?

拍出来的照片脸上全是油光该怎么办? 如何使用 Photoshop 轻松化解呢?

处理前 　　　　　　　　　　　处理后

1 打开照片。在"通道"控制面板中分别单击红、绿、蓝通道，观察不同通道下图像的对比度，单击对比度最强的通道（本案例为"蓝"通道）。

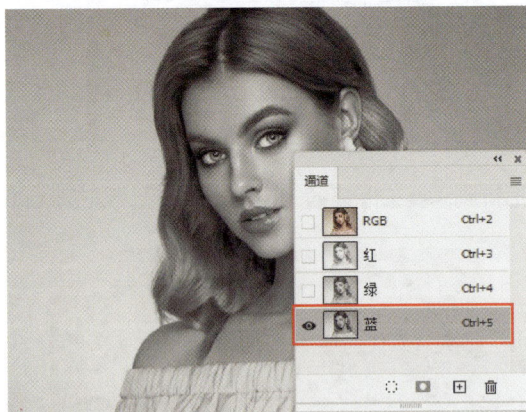

2 在"蓝"通道上单击鼠标右键，在弹出的菜单中选择"复制通道"命令。

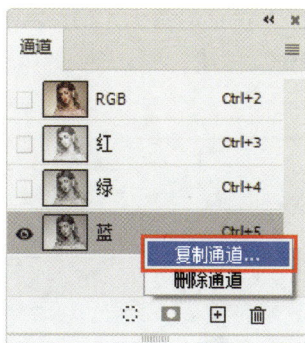

3 弹出"复制通道"对话框，单击"确定"按钮。

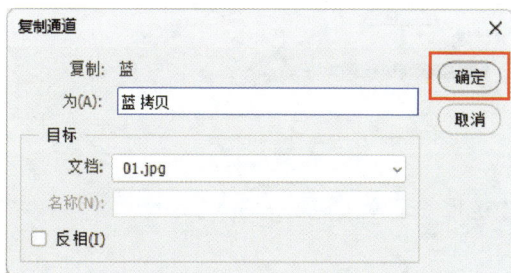

4 选中"蓝 拷贝"通道。按 Ctrl+L 组合键，弹出"色阶"对话框。

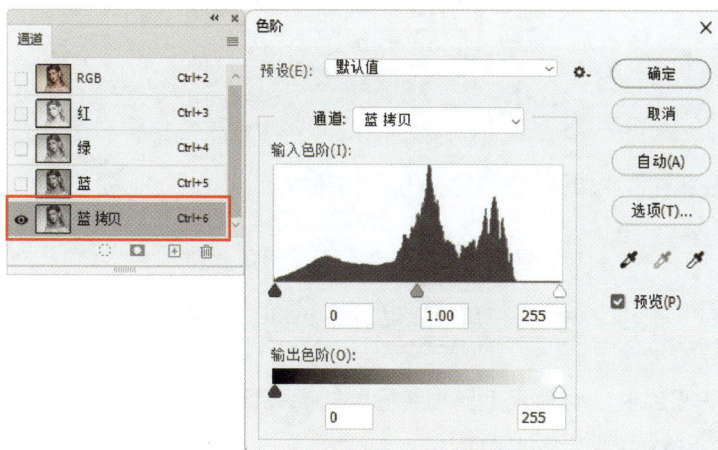

5 将左侧的"输入色阶"选项设置为 170，右侧的"输入色阶"选项
设置为 195，单击"确定"按钮。

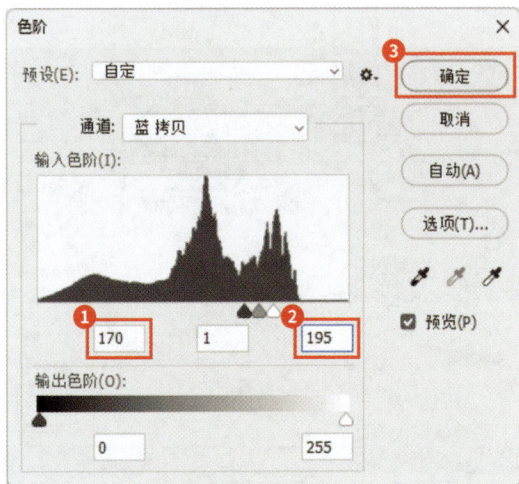

6 在工具栏中选择"套索工具"选项 ⌐ 。

7 在属性栏中单击"添加到选区"按钮 ⌐ 。

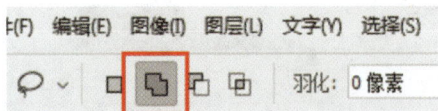

8 在照片中，用套索工具围绕面部的高亮区域拖曳，形成闭合选区
（被"蚂蚁线"圈中的部分）。

9 选择"选择 > 反选"命令，反选选区。

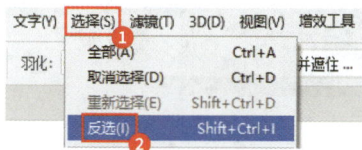

10 按 Shift+F5 组合键，弹出"填充"对话框。将"内容"选项设置为黑色，单击"确定"按钮。

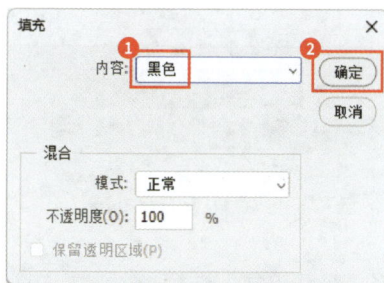

11 在"通道"控制面板中，单击"将通道作为选区载入"按钮 ○ 。

12 在"通道"控制面板中，选择"RGB"通道，照片即可恢复正常色彩。

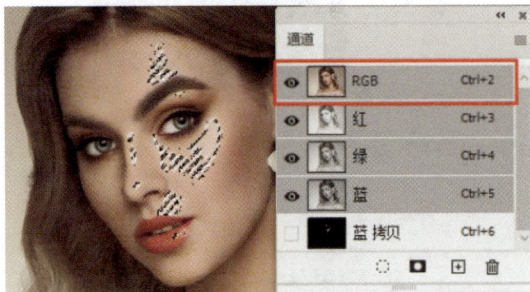

13 在"图层"控制面板中，单击"创建新图层"按钮 ⊞。

14 在工具栏中选择"吸管工具"选项 ✐。

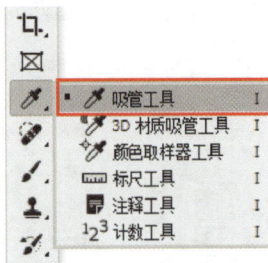

15 在人物脸部无油光的位置单击，吸取肤色。

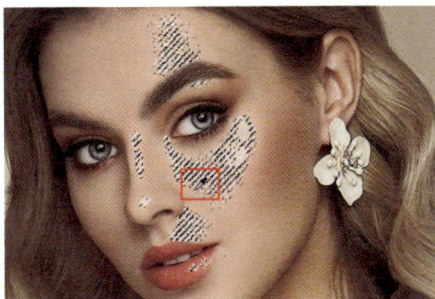

16 按 Alt+Delete 组合键，为选区填充刚吸取的颜色。按 Ctrl+D 组合键，可以取消选区。

17 在"图层"控制面板中，将"不透明度"选项设置为 75% 即可。

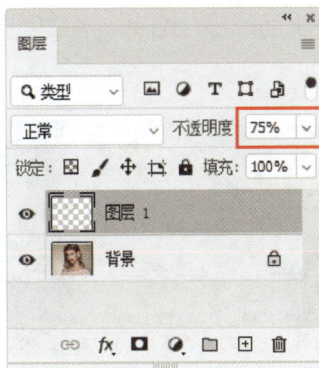

03 去除双下巴：如何去除人物双下巴？

照片中出现双下巴确实令人烦恼，尤其在一张近乎完美的照片中，双下巴显得尤为碍眼。那么，如何在 Photoshop 中借助一个工具轻松去除双下巴呢？

处理前　　　　　　　　　　处理后

1 打开照片。在工具栏中选择"套索工具"选项 ○.。

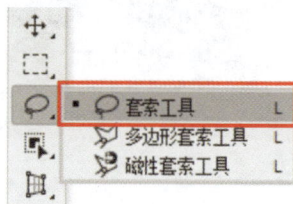

2 围绕人物双下巴中上面的部分拖曳，形成闭合选区（被"蚂蚁线"圈中的部分）。

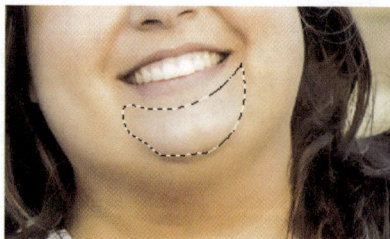

3 按 Shift+F6 组合键，弹出"羽化选区"对话框，将"羽化半径"选项设置为 15 像素，单击"确定"按钮。

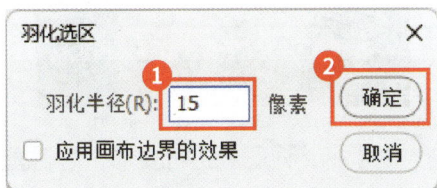

4 按 Ctrl+J 组合键，复制选区中的区域，新建图层 1。

5 按 Ctrl+T 组合键，图像周围出现变换框。

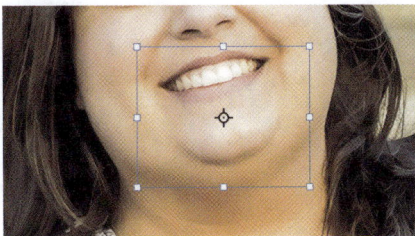

6 在变换框中单击鼠标右键，在弹出的菜单中选择"变形"命令。

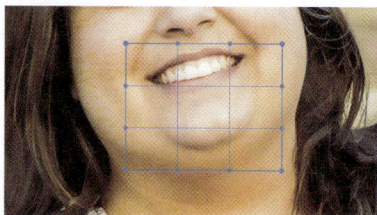

7 拖曳变换框的控制手柄，对图像进行变形，直到图层 1 的下巴与原图的下巴贴合，按 Enter 键确认操作。

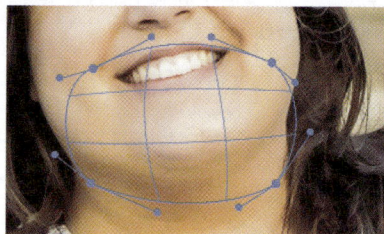

04 去除黑眼圈：如何去除人物黑眼圈？

当照片中的人物有黑眼圈时，会显得整个人不精神。如何使用 Photoshop 快速去除人物黑眼圈呢？

处理前

处理后

1 打开照片。按 Ctrl+J 组合键，复制照片，生成"图层 1"。

2 选择"背景"图层，单击"创建新图层"按钮 ⊞。

3 选择"图层 1"图层。选择"滤镜 > 其他 > 高反差保留"命令。

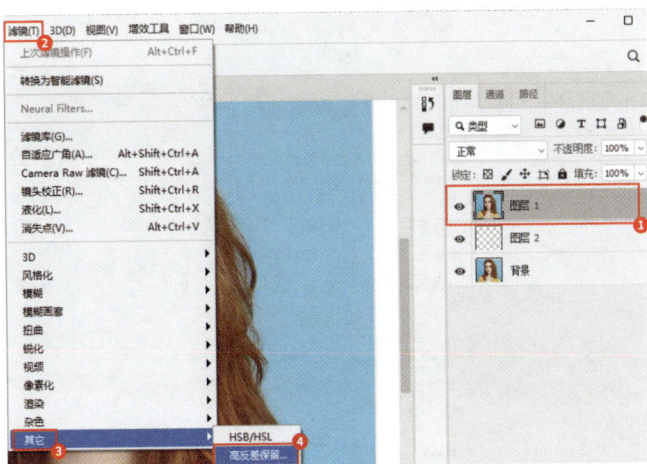

4 弹出"高反差保留"对话框，将"半径"选项设置为 3.5 像素，单击"确定"按钮。

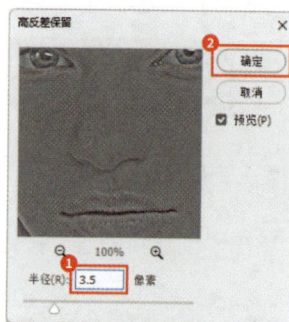

5 在"图层"控制面板中，将"混合模式"选项设置为"柔光"。

6 按 Alt+Ctrl+G 组合键，创建剪贴蒙版。

7 选择"图层 2"图层。在工具栏中选择"画笔工具"选项 ✐。

8 将属性栏中的"不透明度"和"流量"选项均设置为 50%。

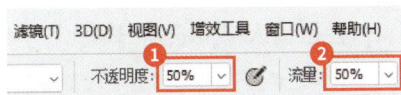

9 在照片上单击鼠标右键，弹出"设置"面板，将"大小"选项设置为 15 像素，"硬度"选项设置为 0%。

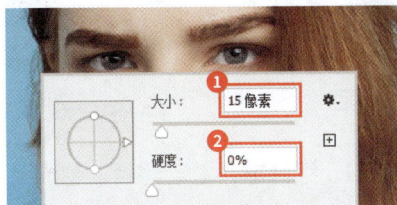

10 按住 Alt 键的同时，在照片中人物面部位置单击，吸取正常的肤色。

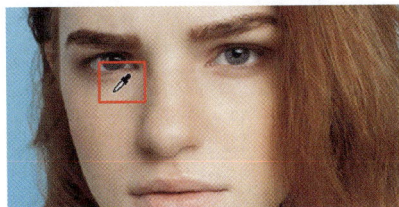

11 沿着人物黑眼圈区域涂抹，即可消除黑眼圈。

05 皮肤调色：如何美白皮肤？

有时由于光线问题，拍出的照片中的人物皮肤会显得比较暗淡。如何使用 Photoshop 轻松将人物皮肤变白嫩呢？

处理前　　　　　　　　　处理后

1 打开照片。按 Ctrl+J 组合键，复制照片，生成"图层 1"。

2 选择"滤镜 > Camera Raw 滤镜"命令。

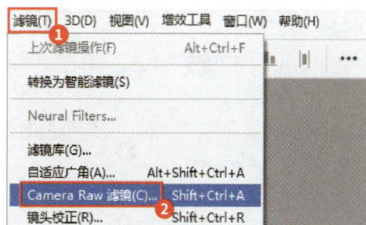

3 弹出"Camera Raw 滤镜"对话框，单击右侧的"蒙版"按钮◎，选择"人物1"。

4 勾选"面部皮肤"和"身体皮肤"复选框，单击"创建"按钮。

5 将"曝光"选项设置为 +0.25，"对比度"选项设置为 +12，"高光"选项设置为 +3，"阴影"选项设置为 +3，单击"确定"按钮。

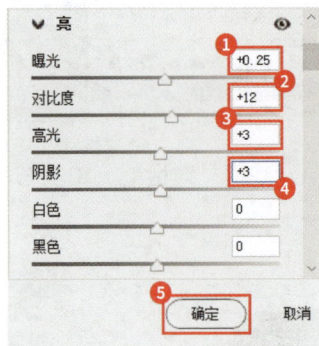

06 缩小头部：如何有效调整人物比例？

拍照显头大？如何使用 Photoshop 有效地调整人物比例，从而缩小头部呢？

处理前

处理后

1 打开照片。按 Ctrl+J 组合键，复制照片，生成"图层 1"。

2 在工具栏中选择"椭圆选框工具"选项 ○.。

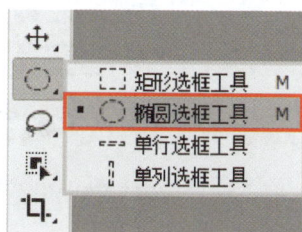

3 按住 Shift 键的同时，在照片上绘制椭圆选区。

4 选择"滤镜 > 扭曲 > 球面化"命令。

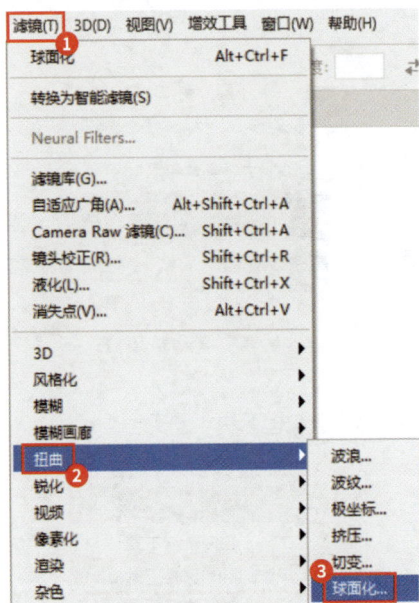

5 弹出"球面化"对话框，将"数量"选项设置为 -25，单击"确定"按钮。

07 增加腮红：如何使人物更加元气满满？

在 Photoshop 中，如何增加腮红，让人物更加元气满满呢？

处理前   处理后

1 打开照片。按 Ctrl+J 组合键，复制照片，生成"图层 1"。

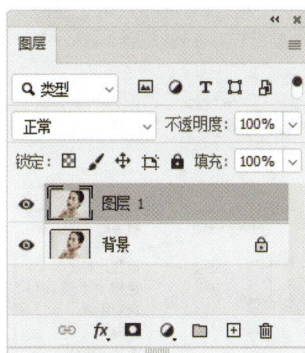

2 在工具栏中选择"椭圆选框工具"选项 ◯ 。

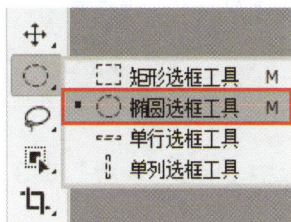

3 在属性栏中单击"添加到选区"按钮🖳。

4 在照片上需要增加腮红的位置，绘制椭圆选区。

5 在"图层"控制面板中，单击"创建新的填充或调整图层"按钮🌑，在弹出的菜单中选择"曲线"命令。

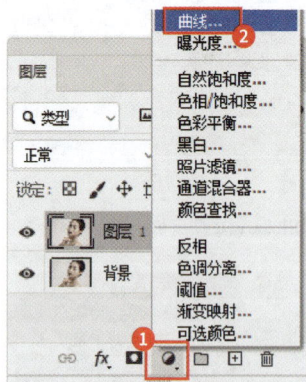

6 在"属性"控制面板中，单击"蒙版"按钮，将"羽化"选项设置为 25.0 像素。

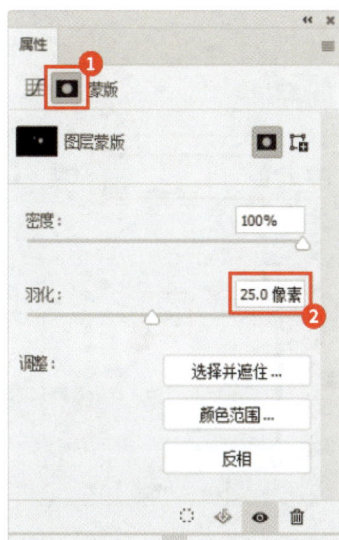

7 单击"曲线"按钮，在曲线上单击添加控制点，拖曳到适当的位置。

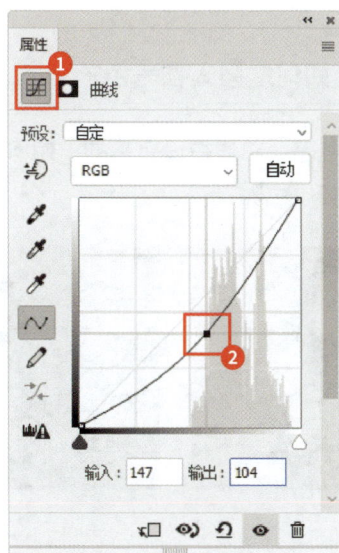

8 选择"红"选项，在曲线上单击添加控制点，拖曳到适当的位置。

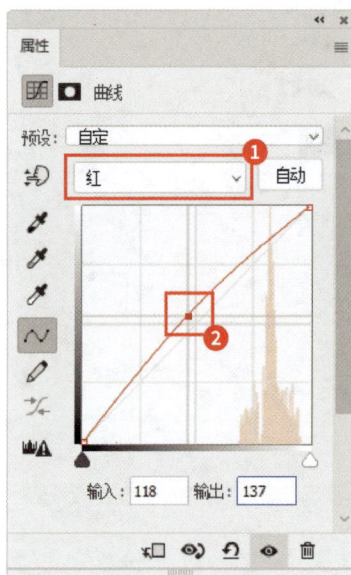

08 增加口红：如何增强人物气色？

　　照片上的人物气色差，总显得没有精神。如何在 Photoshop 中增加口红，从而增强人物气色呢？

处理前

处理后

1 打开照片。按 Ctrl+J 组合键，复制照片，生成"图层 1"。

2 选择"滤镜 > Camera Raw 滤镜"命令。

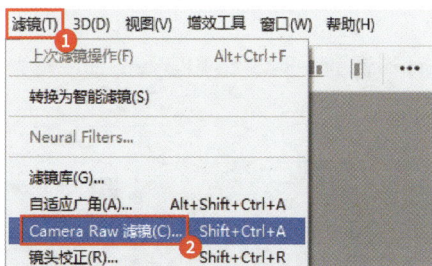

3 弹出"Camera Raw 滤镜"对话框，单击右侧的"蒙版"按钮◎，选择"人物 1"。

4 勾选 "唇" 复选框，单击 "创建" 按钮。

5 将 "色调" 选项设置为 +32，"饱和度" 选项设置为 +63，单击 "确定" 按钮。

09 加重眉毛：如何使妆容更加精致协调？

细节决定成败，而在照片处理中，细节的打磨也很必要。如何在 Photoshop 中巧妙加重眉毛，从而使妆容更加精致协调呢？

处理前　　　　　　　　　　　处理后

1 打开照片。按 Ctrl+J 组合键，复制照片，生成"图层 1"。

2 选择"滤镜 > Camera Raw 滤镜"命令。

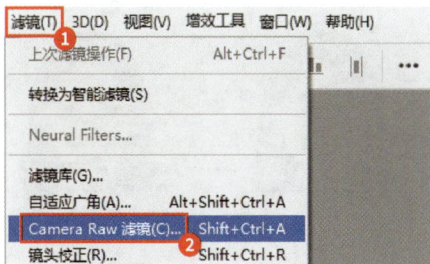

3 弹出"Camera Raw 滤镜"对话框，单击右侧的"预设"按钮 ●，
选择"自适应：人像"菜单中的"使眉毛变暗"选项，将"随样性 –
使眉毛变暗"选项设置为 150，单击"确定"按钮。

10 美白牙齿：如何从细节处有效提升人物形象？

一口洁白的牙齿可以带给人美好的第一印象。如何在 Photoshop 中美白牙齿，从而有效提升人物形象呢？

处理前　　　　　　处理后

1 打开照片。按 Ctrl+J 组合键，复制照片，生成"图层 1"。

2 选择"滤镜 > Camera Raw 滤镜"命令。

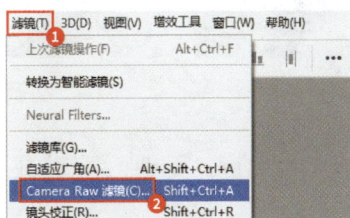

3 弹出"Camera Raw 滤镜"对话框，单击右侧的"预设"按钮 ⊙，选择"自适应：人像"菜单中的"美白牙齿"选项，将"随样性 – 美白牙齿"选项设置为 120，单击"确定"按钮。

11　眼睛调色：如何快速制作出美瞳效果？

　　眼睛是心灵的窗户。如何在 Photoshop 中快速制作出美瞳效果，让眼睛更加明亮和有神呢？

处理前　　　　　　　　　　　　处理后

1 打开照片。按 Ctrl+J 组合键，复制照片，生成"图层 1"。

2 选择"滤镜 > Camera Raw 滤镜"命令。

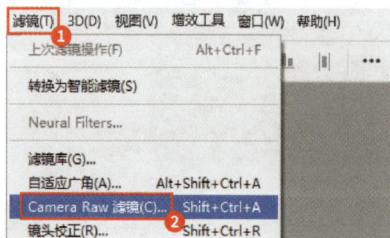

3 弹出"Camera Raw 滤镜"对话框，单击右侧的"蒙版"按钮🔘，选择"人物1"。

4 勾选"虹膜和瞳孔"复选框，单击"创建"按钮。

5 在"虹膜和瞳孔"菜单中，将"对比度"选项设置为 +36，"高光"
选项设置为 –24，"色温"选项设置为 –40，单击"确定"按钮。

12 放大眼睛：如何充分提升人物魅力？

　　每个人都希望拥有一双明亮的大眼睛。如何在 Photoshop 中放大眼睛，充分提升人物的魅力呢？

处理前　　　　　　　　　　　处理后

1 打开照片。按 Ctrl+J 组合键，复制照片，生成"图层 1"。

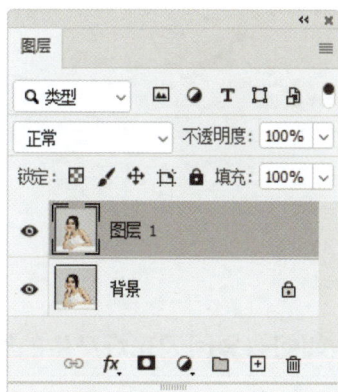

2 选择"滤镜 > 液化"命令。

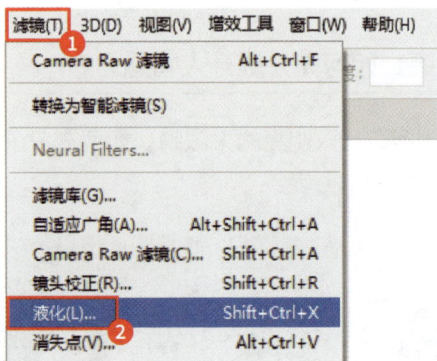

③ 弹出"液化"对话框，选择"膨胀"工具，在人物眼睛上单击放大图像，单击"确定"按钮。

13 修复红眼：如何修复因闪光灯产生的红眼效果？

　　使用闪光灯进行拍照时，反光会造成红眼。如何在 Photoshop 中快速修复因闪光灯产生的红眼效果呢？

处理前　　　　　　　　　　　　　处理后

1 打开照片。按 Ctrl+J 组合键，复制照片，生成"图层 1"。

2 在工具栏中选择"红眼工具"选项 ⊙ 。

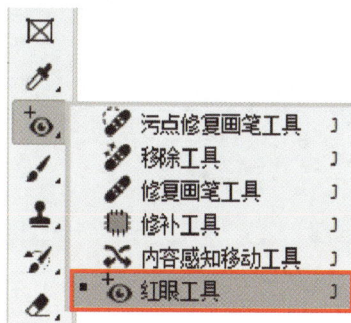

3 在照片中的红眼处单击即可。

14 调整鼻子：如何通过简单几步操作，使人物鼻子更立体?

挺拔的鼻子可以提升面部的美感，使面部轮廓更加立体。如何在 Photoshop 中通过简单几步操作，使人物鼻子更立体呢?

处理前　　　　　　　　处理后

1 打开照片。按 Ctrl+J 组合键，复制照片，生成"图层 1"。

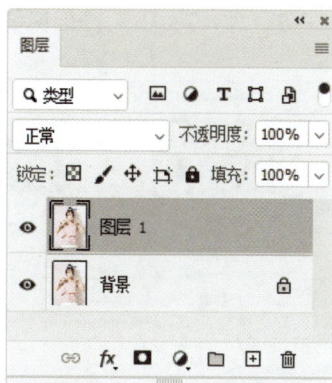

2 在"图层"控制面板中，单击"创建新图层"按钮 ⊞。

3 在工具栏中选择"画笔工具"选项 ✎.。

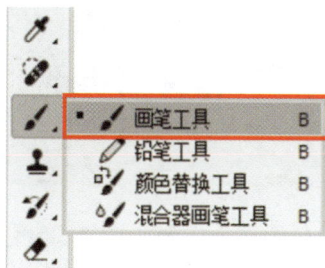

4 在照片上单击鼠标右键，将"大小"选项设置为 15 像素，"硬度"选项设置为 100%。

5 在属性栏中将"不透明度"选项设置为 100%。

6 在工具栏中将前景色设置为黑色。按住 Shift 键的同时，拖曳鼠标在鼻子上适当的位置绘制。

7 在工具栏中将前景色设置为白色。按住 Shift 键的同时，拖曳鼠标

在适当的位置绘制。

8 在"图层"控制面板中，将"混合模式"选项设置为"柔光"。

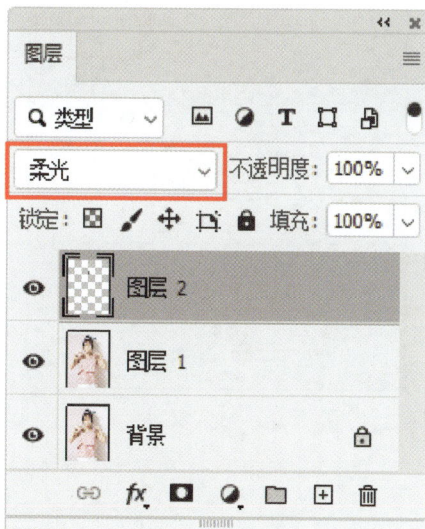

9 选择"滤镜 > 模糊 > 高斯模糊"命令。

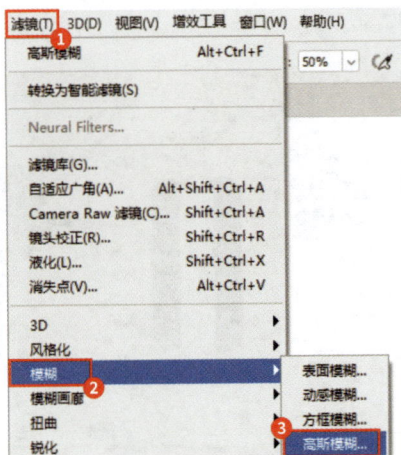

10 弹出"高斯模糊"对话框，将"半径"选项设置为 7.0 像素，单击"确定"按钮。

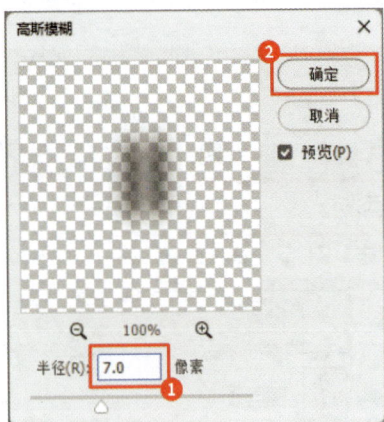

秒懂后期修图：
PS+AI
实例精讲（全彩印刷）

▶ 第 **4** 章 ◀

形体与背景：修饰人物形体和调节背景

在视觉艺术中，形体与背景是相互作用的。拍摄完成后，若能巧妙地运用形体与背景之间的这种相互关联进行后期修饰，便能提升照片的整体视觉效果。

01 头发换色：如何更换头发颜色？

　　总是在纠结染发时该选什么颜色，担心精心挑选的发色不适合自己，恨不得能把所有颜色都试个遍。其实，借助 Photoshop 就能轻松实现这一想法，快速看到不同发色的效果。

处理前　　　　　　　　　　处理后

1 打开照片。选择"滤镜 > Camera Raw 滤镜"命令。

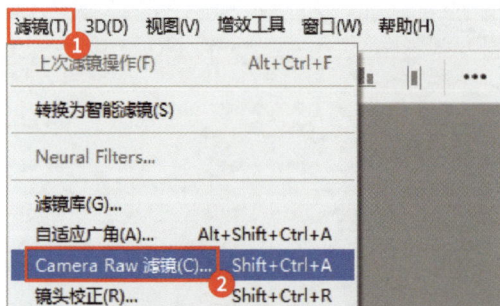

2 弹出"Camera Raw 滤镜"对话框，单击右侧的"蒙版"按钮⚙，选择"人物 1"。

3 勾选"头发"复选框，单击"创建"按钮。

4 将"颜色"中的"色温"选项设置为 +46，"色调"选项设置为 +35，"色相"选项设置为 -16.0，单击"确定"按钮即可。

02 拉长腿部：如何将人物的腿修成大长腿？

拥有修长的美腿是每个人都不会抗拒的事情。在 Photoshop 中如何将人物的腿修成大长腿呢？

处理前

处理后

1 打开照片。按 Ctrl+J 组合键，复制照片，生成"图层 1"。

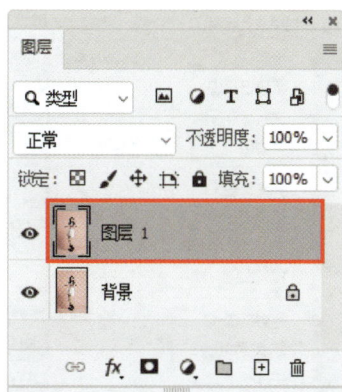

2 在工具栏中选择"套索工具"选项 ◯.。

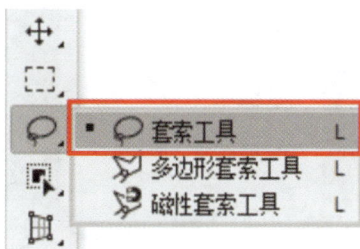

3 将照片中人物的上半身选中。

4 选择"选择 > 存储选区"命令。

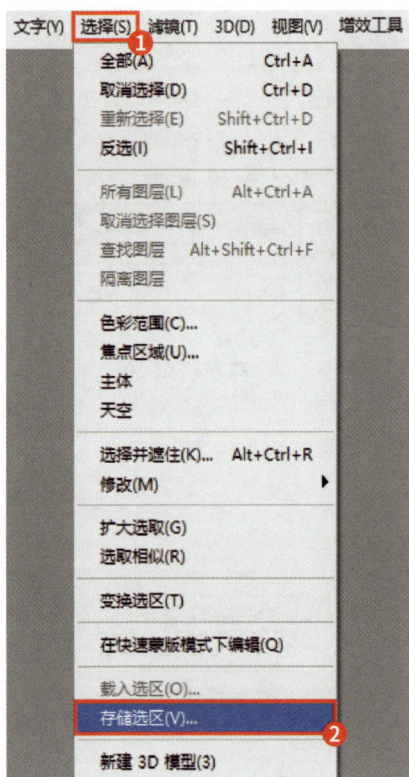

5 在弹出的"存储选区"对话框中将"名称"修改为"大长腿"，单击"确定"按钮。按 Ctrl+D 组合键，取消选区。

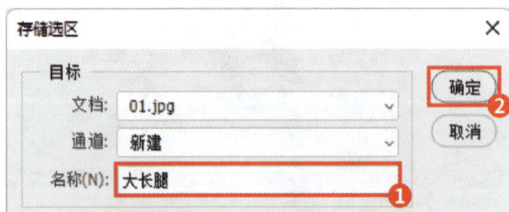

6 选择"编辑 > 内容识别缩放"命令。

文件(F) ┃ 编辑(E) ❶ 拼写检查(H)…
查找和替换文本(X)…

填充(L)… Shift+F5
描边(S)…
内容识别填充…

内容识别缩放 Alt+Shift+Ctrl+C ❷
操控变形
透视变形

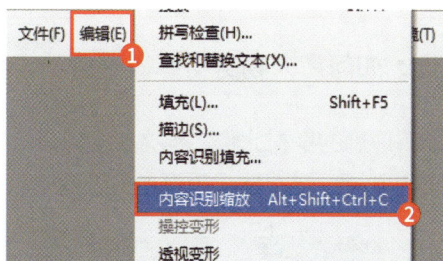

7 在属性栏中将"保护"选项设置为"大长腿"。

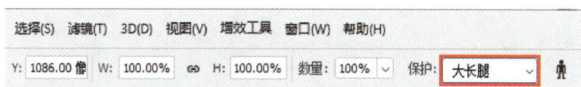

选择(S) 滤镜(T) 3D(D) 视图(V) 增效工具 窗口(W) 帮助(H)

Y: 1086.00像 W: 100.00% 🔗 H: 100.00% 数量: 100% ⌄ 保护: 大长腿 ⌄ 🧍

8 按住 Shift 键的同时，将照片上方中间的控制点向上拖曳，观察照片变化，将腿部拉长至合适位置后，按 Enter 键完成操作。

03 快速瘦身：如何把人物身材修得更瘦？

人人都渴望拥有理想的身材比例，那么在 Photoshop 中，如何迅速而有效地调整人物身材，使之看起来更加纤细呢？

处理前

处理后

1 打开照片。选择“滤镜 > 液化”命令。

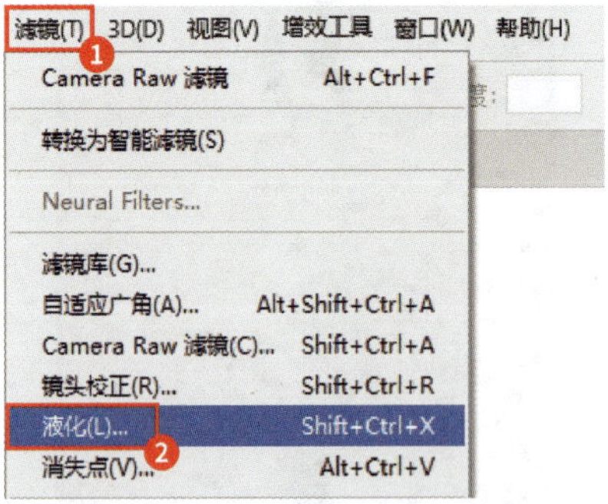

2 弹出“液化”对话框，选择“向前变形”工具，将“大小”选项设置为 300，在人物腰部从外向内拖曳，将腰部调整至合适位置，单

击"确定"按钮即可。

04 调整人物：如何只调整人物，避免把背景画面修歪？

在使用液化工具调整人物身材时，为了避免背景画面出现扭曲或歪斜，可以采取下面的方法。

处理前

处理后

1 打开照片。选择“滤镜 > 液化”命令。

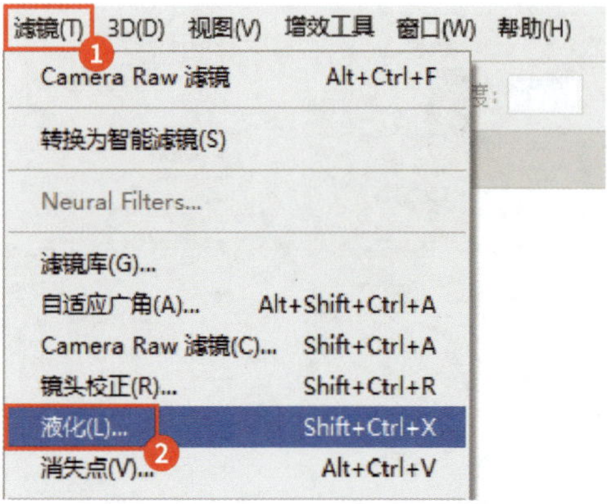

2 弹出“液化”对话框，选择“冻结蒙版”工具。沿着人物右下角进行涂抹（红色区域）。

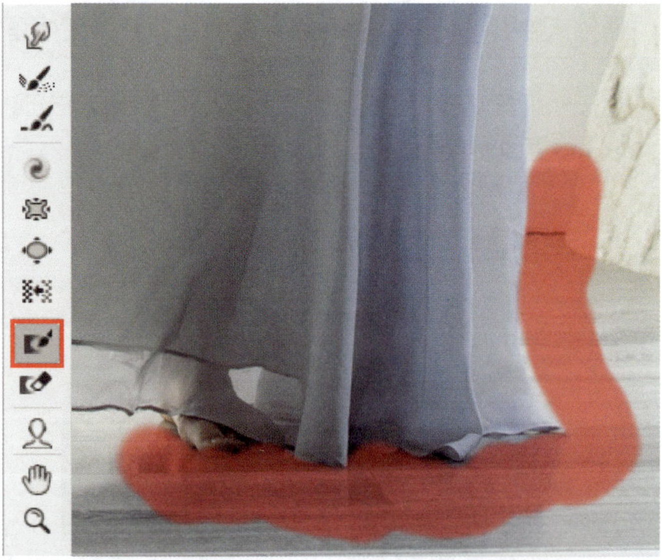

3 再选择“向前变形”工具，对人物的腰部、裙摆等位置进行调整，被冻结的背景区域（红色区域）不会受到液化操作影响。

属性

▼ 画笔工具选项

大小 300 ②　　　密度 50

压力 100　　　　速率 0

☐ 光笔压力　　　　　　　☐ 固定边缘

▶ 人脸识别液化

▶ 载入网格选项

▶ 蒙版选项

▶ 视图选项

▼ 画笔重建选项

重建(U)...　　　　恢复全部(A)

☑ 预览(P)

取消　　　確定 ④

05 景深效果：如何凸显主体，避免照片背景杂乱？

在拍摄照片的过程中，我们时常会遇到背景显得杂乱无章的情况。此时，通过增强景深效果，可以有效提升画面的层次感，从而实现虚实结合的艺术效果。

处理前

处理后

1 打开照片。选择"滤镜 > Camera Raw 滤镜"命令。

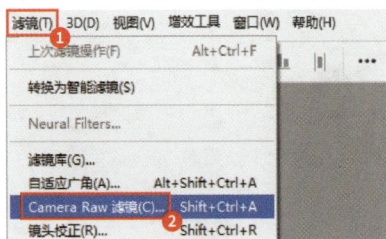

2 弹出"Camera Raw 滤镜"对话框，展开"镜头模糊"选项，勾选"应用"复选框。单击"确定"按钮即可。

06 精准调整：如何分别调节画面中多个人物？

画面不够协调？如何使用 Photoshop 精准地调节每个人物的表现，使之既和谐统一又不失个性。

处理前　　　　　　　　处理后

1 打开照片。选择"滤镜 > Camera Raw 滤镜"命令。

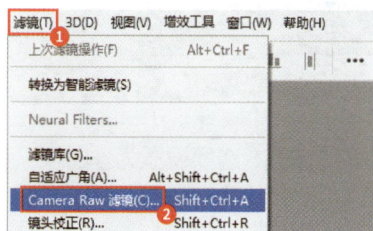

2 弹出"Camera Raw 滤镜"对话框，单击右侧的"蒙版"按钮 ◎，选择"人物 1"。

3 勾选"面部皮肤"和"身体皮肤"复选框，单击"创建"按钮。

4 将"亮"选项组中的"曝光"选项设置为 +0.70。单击"创建新蒙版"按钮，在弹出的菜单中选择"选择人物"选项。

5 选择"人物 2"。

6 勾选"衣服"复选框，单击"创建"按钮。

7 将"颜色"选项组中的"色温"选项设置为 −52，"色调"选项设

置为 –40。单击"创建新蒙版"按钮，在弹出的菜单中选择"选择人物"选项。

8 选择"人物 3"。

9 勾选"衣服"复选框，单击"创建"按钮。

10 将"颜色"选项组中的"色温"选项设置为 +41，"色调"选项设置为 –22。单击"确定"按钮即可。

07 添加选区：如何将未被识别的部分添加到选区？

在 Photoshop 中，当未能完全准确地识别出你想要选择的区域时，可以通过下面的方法将未被识别的部分手动添加到选区中。

处理前

处理后

1 打开照片。选择"滤镜 > Camera Raw 滤镜"命令。

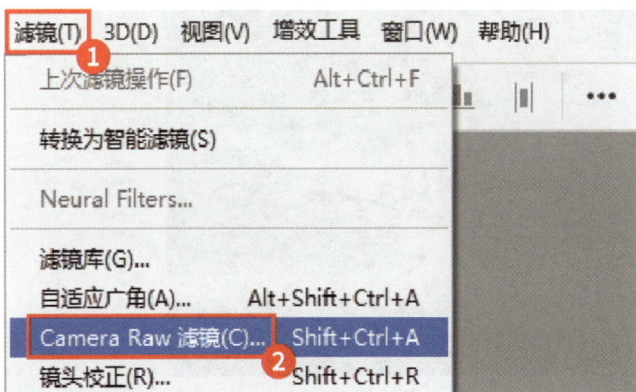

2 弹出"Camera Raw 滤镜"对话框，单击右侧的"蒙版"按钮◎，选择"人物 1"。

3 勾选"整个人物"复选框，单击"创建"按钮。

4 单击"减去"按钮，在弹出的菜单中选择"选择对象"选项。在预览窗口中拖曳，删除不需要的选区。

5 单击"添加"按钮，在弹出的菜单中选择"选择对象"选项。

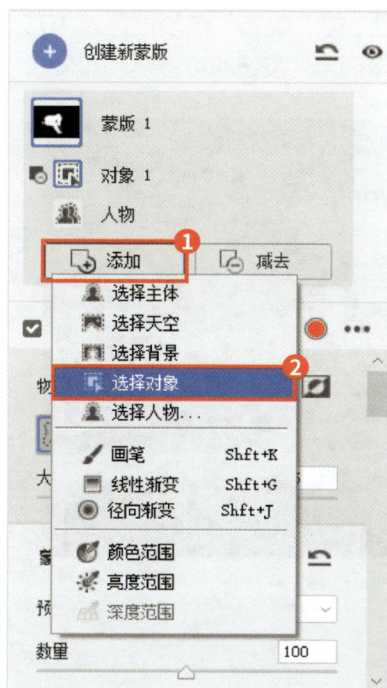

6 将画笔"大小"选项设置为 5，在预览窗口中分别拖曳，添加需要的选区。

7 将"亮"选项组中的"曝光"选项设置为 +0.25，"对比度"选项设置为 +15，单击"确定"按钮即可。

秒懂后期修图：

PS+AI

实例精讲（全彩印刷）

▶ **第 5 章** ◀
人像写真：多种方法增强照片表现力

　　在人像写真摄影中，增强照片表现力是至关重要的。本章要讲述的内容是如何通过后期处理技术，打造出独具特色的人像照片。

01　手绘风格：如何轻松实现人像转手绘？

　　觉得手绘图像很麻烦？想要给照片融入俏皮可爱的手绘风格，那就用 Photoshop 帮你实现吧！

处理前　　　　　　　　　处理后

1 打开照片。按 Ctrl+J 组合键，复制照片，生成"图层 1"。按 Shift+Ctrl+U 组合键，为照片去色。

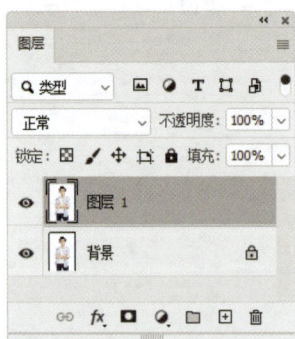 

2 按 Ctrl+J 组合键，复制"图层 1"。将"图层 1 拷贝"的"混合模式"选项设置为"颜色减淡"。

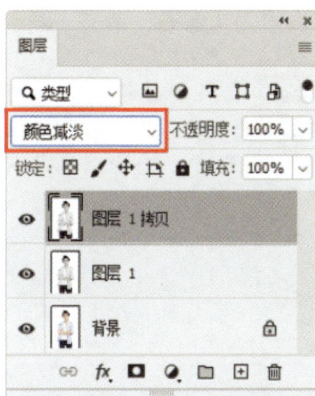

3 按 Ctrl+I 组合键，将图像反向。然后，选择"滤镜 > 其他 > 最小值"命令。

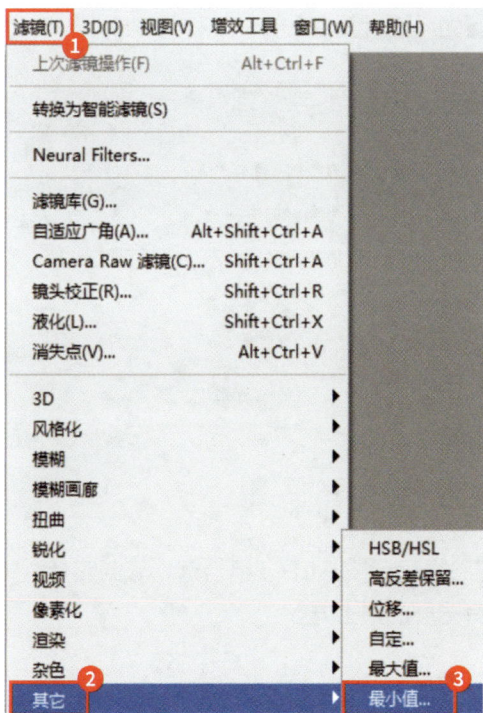

4 弹出对话框，将"半径"选项设置为 1 像素，单击"确定"按钮。

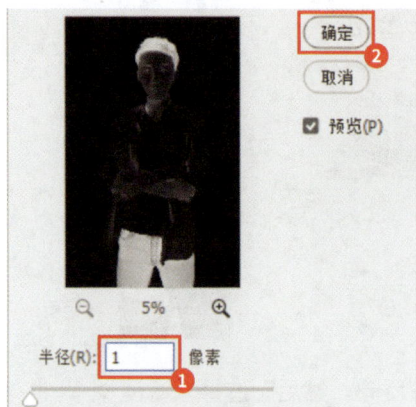

5 按 Alt+Shift+Ctrl+E 组合键，盖印可见图层。将该图层的"混合模式"选项设置为"正片叠底"。

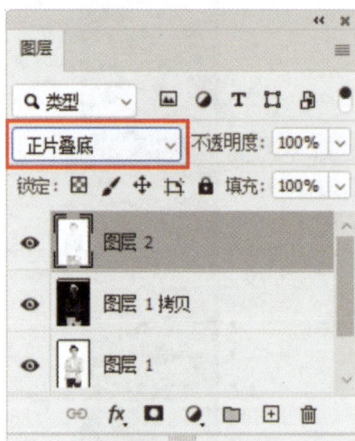

6 选中"背景"图层。按 Ctrl+J 组合键，复制照片，生成"图层 1"。将其拖曳到所有图层的最上方。

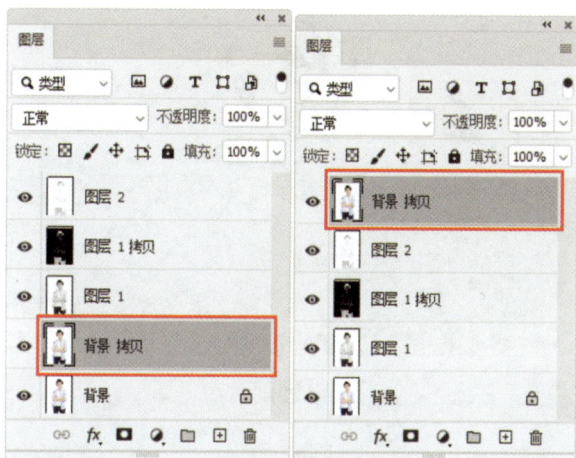

7 将图层的"混合模式"选项设置为"颜色"。

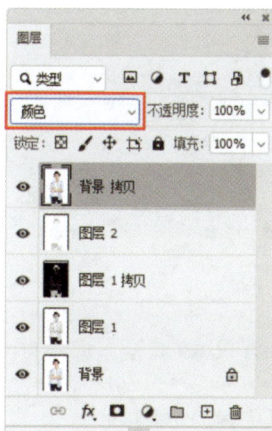

02 清新风格：如何实现自然简约的小清新风格人像照？

　　照片总是拍不出氛围感，可以借助 Photoshop 帮你轻松实现自然简约的小清新风格人像照，实现从普通到惊艳的蜕变。

处理前

处理后

1 打开照片。选择"滤镜 > Camera Raw 滤镜"命令。

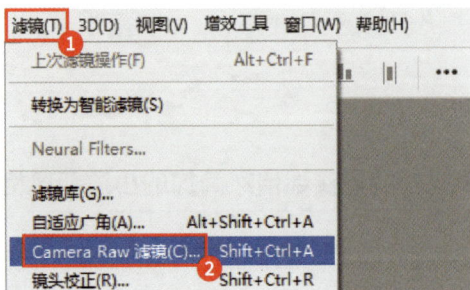

2 弹出"Camera Raw 滤镜"对话框，单击右侧的"预设"按钮 🔵，
展开"主题：旅行"菜单，选中"TR04"，单击"确定"按钮即可。

03 油画风格：如何实现古典庄重的油画风格人像照？

千篇一律的美颜照，是不是已经让你审美疲劳了？想不想尝试一
下油画风格的呢？下面就来看看如何在 Photoshop 中制作油画风格的
人像照吧！

处理前

处理后

1 打开照片。按 Ctrl+J 组合键，复制照片，生成"图层 1"。

2 选择"滤镜 > 风格化 > 油画"命令。

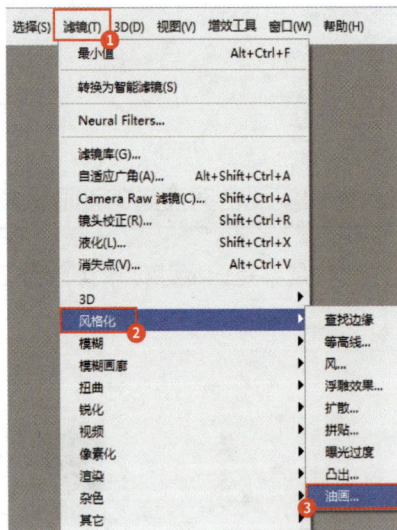

3 弹出"油画"对话框，将"画笔"选项组中的"描边样式"设置为 2.5，"描边清洁度"设置为 10.0，"缩放"设置为 0.8，"硬毛刷细节"设置为 10.0；将"光照"选项组中的"角度"设置为 −60 度，"闪亮"设置为 1.3，单击"确定"按钮即可。

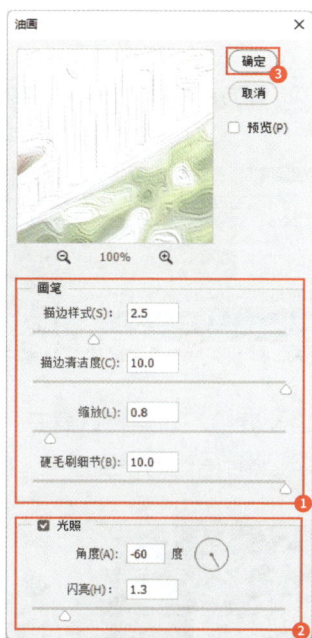

04 高级感人像：如何实现大气时尚的高级感人像照？

如何通过 Camera Raw 滤镜的调整，让一张普通的人像照焕发出高级感，提升人物的气质呢？

处理前

处理后

1 打开照片。选择"滤镜 > Camera Raw 滤镜"命令。

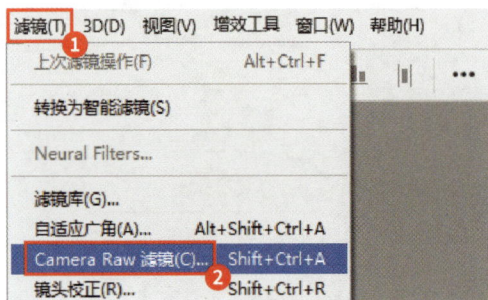

2 弹出"Camera Raw 滤镜"对话框，展开"亮"选项组，参考下图数据设置各项参数，让照片的明暗程度适中，色彩更加明艳。

3 展开"混色器"选项组，将"色相"中的"绿色"选项设置为 +10，"浅绿色"选项设置为 −33。

4 将"饱和度"选项中的"绿色"选项设置为 −22。

5 将"明亮度"选项中的"橙色"选项设置为 +22。单击"确定"按钮，颜色调整完成。

05 抖音故障风格：如何实现视觉冲击力拉满的抖音故障风格人像照？

故障风格的照片如今非常流行，使用 Photoshop 制作的方法也很简单。

处理前

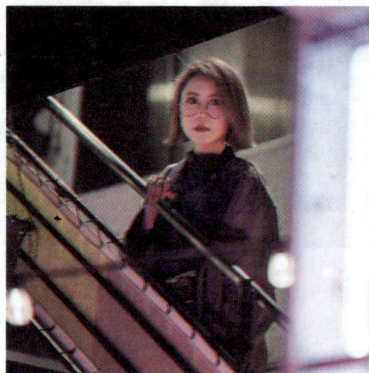

处理后

1 打开照片。按 Ctrl+J 组合键，复制照片，生成"图层 1"。

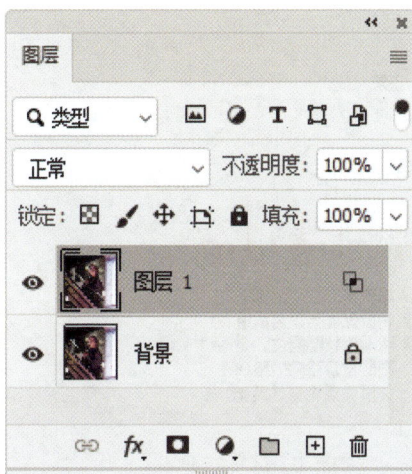

2 在图层上单击鼠标右键，选择"混合选项"命令。

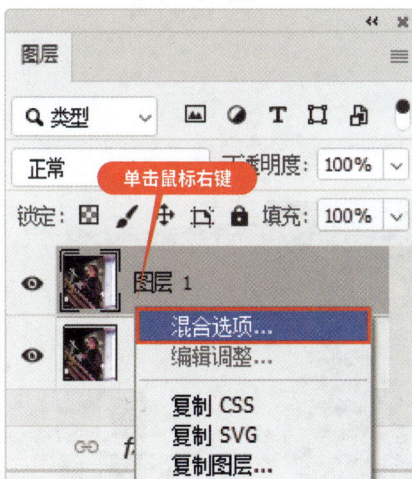

3 弹出"图层样式"对话框，取消勾选"混合选项"中的"G"复选框和"B"复选框，单击"确定"按钮。

混合选项

常规混合

混合模式： 正常

不透明度(O)： 100 %

高级混合

填充不透明度(F)： 100 %

通道： ☑ R(R) ☐ G(G) ☐ B(B)
① ②

挖空： 无 ∨

☐ 将内部效果混合成组 (I)
☑ 将剪贴图层混合成组 (P)
☑ 透明形状图层 (T)
☐ 图层蒙版隐藏效果 (S)
☐ 矢量蒙版隐藏效果 (H)

确定 ③

取消

新建样式(W)...

☑ 预览(V)

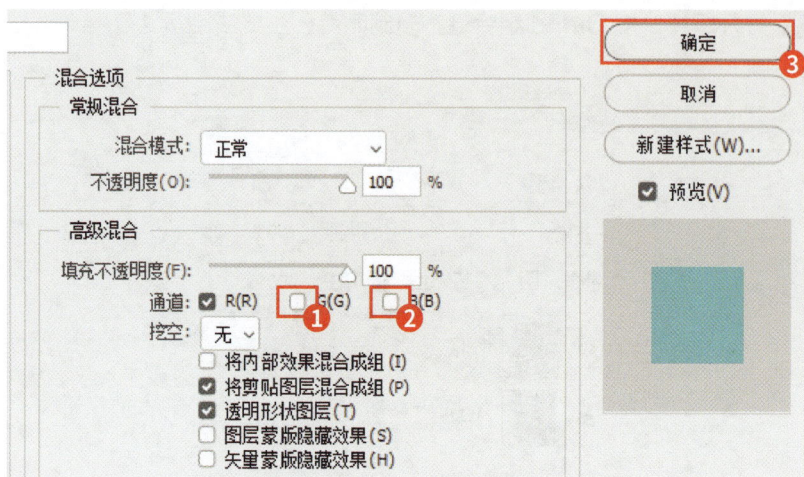

4 在工具栏中选择"移动工具"选项 ⊕.。

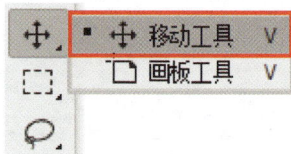

⊕.

■ ⊕ 移动工具 V
□ 画板工具 V

[ ]

〇

5 按住 Shift 键的同时，将图像稍微向右移动即可。

《 ✕

图层 ≡

🔍 类型 ∨ 🖼 ❍ T 🎜 🗗 ●

正常 ∨ 不透明度： 100% ∨

锁定： 🖾 ✎ ⊕ 🎜 🔒 填充： 100% ∨

👁 图层 1 🗗

👁 背景 🔒

⊖ fx ▢ ❍ ▢ 🞢 🗑

100

06 复古怀旧风格：如何实现一键式调整复古怀旧风格人像照？

复古怀旧风格的人像照常常给人一种时光静谧而美好的感觉。在 Photoshop 中，要制作出这样一张照片，其实并不复杂。

处理前

处理后

1 打开照片。单击"图层"面板下方的"创建新的填充或调整图层"按钮 ⊙ ，在弹出的菜单中选择"色彩平衡"命令。

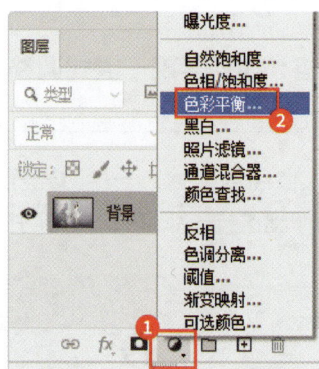

2 在"属性"面板中，将"色调"选项设置为"高光"，将"洋红 – 绿色"选项设置为 +10，"黄色 – 蓝色"选项设置为 –32。

3 将"色调"选项设置为"中间调"，"青色 – 红色"选项设置为 +75。

4 将"色调"选项设置为"阴影"，"洋红－绿色"选项设置为 +15 即可。

07 双色调风格：如何实现活力张扬的双色调风格人像照？

双色调风格通常具有鲜明的色彩对比和强烈的视觉冲击力，能够迅速吸引观者的注意力。那么，如何在 Photoshop 中快速制作出这种风格的照片呢？

处理前

处理后

1 打开照片。按 Shift+Ctrl+U 组合键，将图像去色。

2 按 D 键，恢复默认的前景色和背景色。在工具栏中单击前景色色块，弹出"拾色器（前景色）"对话框，设置 RGB 值为（255，0，0），单击"确定"按钮。

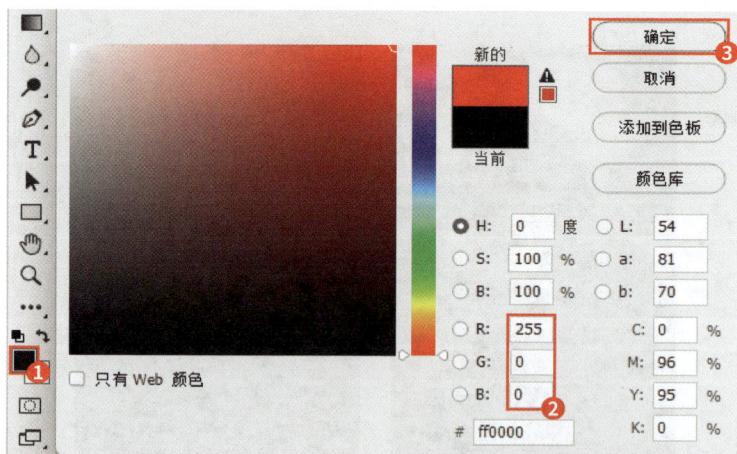

3 单击"图层"面板下方的"创建新的填充或调整图层"按钮，在弹出的菜单中选择"渐变"命令。

4 弹出"渐变填充"对话框，将"角度"选项设置为 0 度，单击"确定"按钮。

5 将图层的混合模式选项设置为"叠加"。

6 在工具栏中单击前景色色块，弹出"拾色器（前景色）"对话框，设置 RGB 值为（0，0，255），单击"确定"按钮。

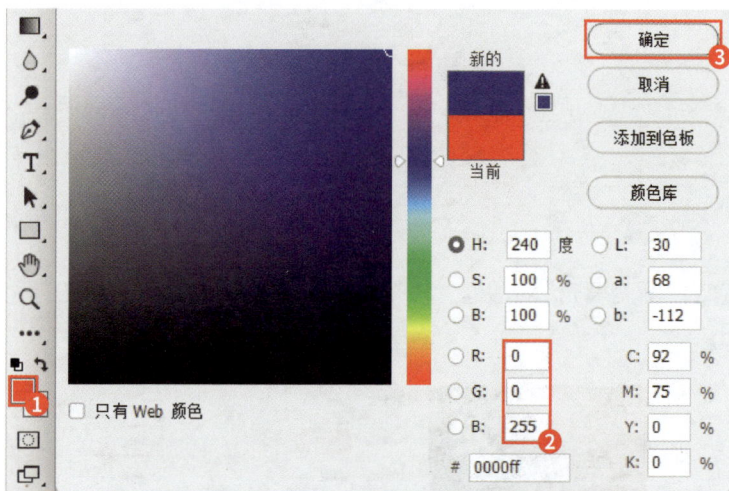

7 单击"图层"面板下方的"创建新的填充或调整图层"按钮，在弹出的菜单中选择"渐变"命令。

8 弹出"渐变填充"对话框，将"角度"选项设置为 0 度，勾选"反向"复选框，单击"确定"按钮。

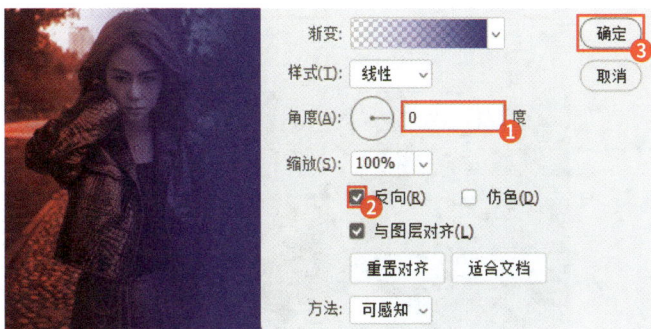

9 将图层的混合模式选项设置为"叠加"即可。

08 预设调色：如何把照片调成冷色或者暖色？

在 Photoshop 中，利用预设快速调整照片至冷色或暖色调，是一个既简便又高效的技巧。有时，为了强化照片所传达的情感氛围，我们可能希望将其调整为沉稳质感的冷色调，或是赋予其充满温情的暖色调。那么，在 Photoshop 中，如何实现这样的色调转换呢？

处理前

处理后

1 打开照片。选择"滤镜 > Camera Raw 滤镜"命令。

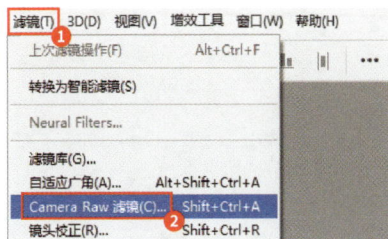

2 弹出"Camera Raw 滤镜"对话框，展开"颜色"选项组，向左拖曳"色温"滑块，照片即可调整为冷色调（案例参考值为 −20）。

3 向右拖曳"色温"滑块，照片即可调整为暖色调（案例参考值为 +20）。

下篇
风景照片修饰

秒懂后期修图：
PS+AI
实例精讲（全彩印刷）

▶▶ 第 **6** 章 ◀◀

校正美化：简单几招使风景照更出色

在日常生活中，我们都渴望用镜头捕捉美景，留下珍贵瞬间。但很多时候，拍出的风景照却不尽如人意。这时，校正与美化就显得尤为重要。通过一系列简单而有效的技巧，我们可以让风景照焕发新生，变得更加出色。本章将介绍几种实用的校正与美化的方法，轻松提升风景照片质量。

01 去除噪点：如何去除照片中的噪点和杂色？

在夜间拍摄时，光线条件不佳，会导致照片中出现更多的噪点和杂色。为避免影响照片的清晰度，降低整体的视觉效果，需要为其去除噪点，提升画面质量。

处理前　　　　　　　　　　　　　处理后

1 打开照片。选择"滤镜 > 杂色 > 减少杂色"命令。

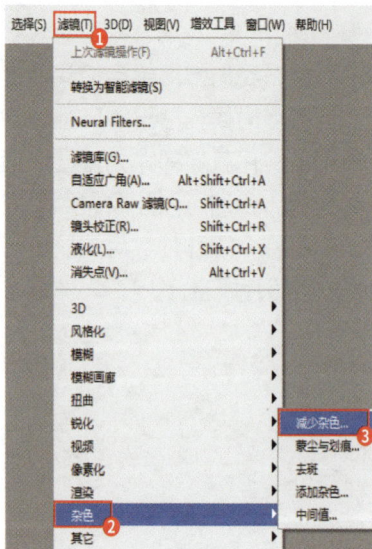

2 弹出"减少杂色"对话框，将"强度"选项设置为 10，"保留细节"选项设置为 0%，"减少杂色"选项设置为 100%，"锐化细节"选项设置为 0%，单击"确定"按钮。

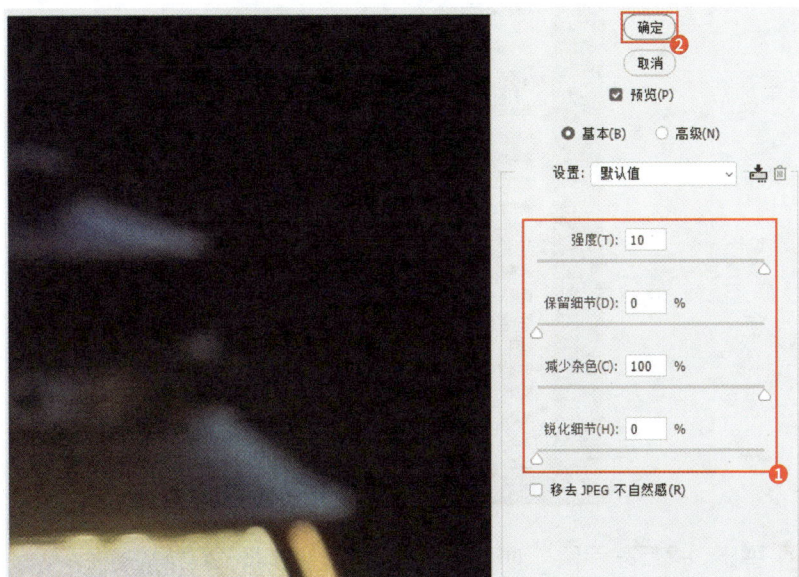

3 按 Ctrl+J 组合键，复制照片，生成"图层 1"。

4 选择"滤镜 > 其他 > 高反差保留"命令。

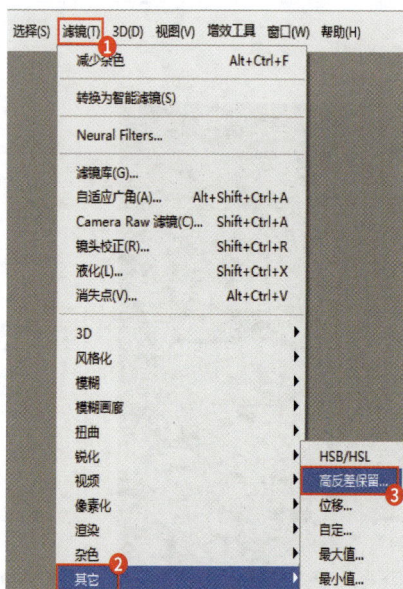

5 弹出"高反差保留"对话框，将"半径"选项设置为 3.0 像素，单击"确定"按钮。

6 将图层的"混合模式"选项设置为"叠加"即可。

02 曝光过度：拍照时不小心曝光过度了，如何修复？

曝光过度是摄影过程中常见的一个问题。当照片曝光过度时，画面会显得过亮，影响整体照片的视觉效果。不过，借助一些有效的修复技巧，可以恢复照片的细节和色彩，使其重新焕发原有的魅力。

处理前　　　　　　　　　　　处理后

1 打开照片。按 Alt+Ctrl+2 组合键，照片中的亮部区域生成选区。

2 单击"图层"面板下方的"创建新的填充或调整图层"按钮 ◎ 。在弹出的菜单中选择"色阶"命令。

3 在"属性"面板中，将左侧的黑色滑块向右拖曳，同时观察画面，达到满意效果后松开鼠标。

4 单击"图层"面板下方的"创建新的填充或调整图层"按钮 ◎ ，在弹出的菜单中选择"亮度 / 对比度"命令。

5 在"属性"面板中适当降低图片亮度。（案例中参考数值为 −15）

03 修复逆光：逆光拍摄把人拍暗了，还能恢复吗？

逆光拍摄常常会遇到一个棘手的问题：背景光线过强，导致人物部分往往会被拍得很暗，面部细节和表情难以清晰呈现。然而，通过一些有效的后期处理技巧，这些看似"失败"的逆光照片仍然有被拯救的可能。

处理前　　　　　　　　　　　　处理后

1　打开照片。选择上下文任务栏中的"选择主体"按钮，选择主体。

2　单击"图层"面板下方的"创建新的填充或调整图层"按钮 ，在弹出的菜单中选择"亮度 / 对比度"命令。

3　在"属性"面板中向右拖曳亮度滑块，同时观察图片，调整至亮度适宜时，释放鼠标即可。（案例中参考数值为 150）

04　替换天空：如何把照片中的阴天变成晴天？

利用 Photoshop 可以将灰蒙蒙的阴天替换为晴朗的蓝天白云，让照片瞬间焕然一新。

处理前

处理后

1 打开照片。选择"编辑 > 天空替换"命令。

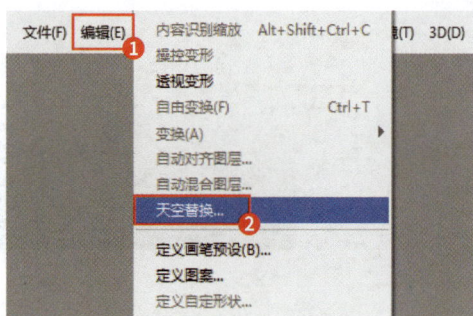

2 弹出"天空替换"对话框，选择一张晴天的图片，将"天空调整"选项组中的"亮度"滑块向右拖动，同时观察画面，达到满意效果后释放鼠标。单击"确定"按钮，即可完成天空的替换，（案例中参考数值为 53 ）。

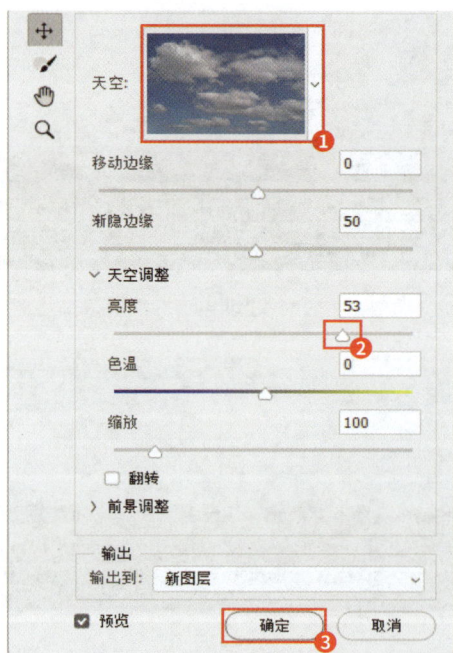

05　水面调色：如何把水面调成蔚蓝色？

蔚蓝色的水面能够为照片增添独特的美感。但是由于光线条件或天气的影响，水面的颜色可能并不总是如我们所愿。那么，究竟怎样才能调出蔚蓝色的水面效果呢？

　　处理前　　　　　　　　　　处理后

1 打开照片。在工具栏中单击前景色色块，弹出"拾色器（前景色）"，设置 RGB 值为（2，107，205），单击"确定"按钮。

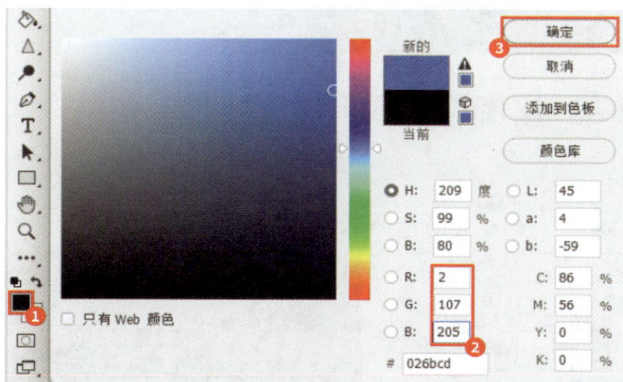

2 单击"图层"面板下方的"创建新的填充或调整图层"按钮 ◉，在弹出的菜单中选择"渐变"命令。

3 弹出"渐变填充"对话框，将"缩放"选项设置为 37%，在图像窗口中将渐变向下拖曳至适当的位置，单击"确定"按钮。

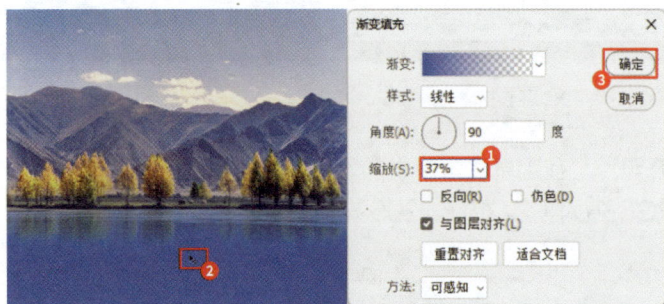

4 将图层的"混合模式"选项设置为"柔光"。

06 通透色调：如何让照片看起来更加通透？

　　有时候拍摄的照片看起来灰蒙蒙的，不够通透，显得没有质感。要让照片看起来更加通透，可以提亮照片中亮的部分，压暗照片中暗的部分，使照片整体的层次更清晰。快来看看在 Photoshop 中如何实现吧！

处理前

处理后

1 打开照片。按 Alt+Ctrl+2 组合键，照片中的亮的部分生成选区。

2 按 Ctrl+J 组合键，复制选区中的图像，生成"图层 1"。

3 将图层的"混合模式"选项设置为"滤色"，使照片亮的部分更亮。

4 选中"背景"图层。按 Alt+Ctrl+2 组合键，照片中的亮的部分生成选区。再按 Shift+Ctrl+I 组合键，反选选区，选中照片的阴影部分。

5 按 Ctrl+J 组合键，复制选区中的图像，生成"图层 2"。

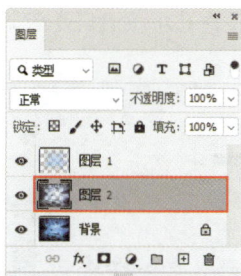

6 将图层的"混合模式"选项设置为"叠加"即可。

07 增强氛围：如何一键生成氛围感照片？

有时，即便画面中的景色已经足够动人，但总感觉缺了那么一点能直击人心的氛围感。别担心，接下来就为你解锁氛围感照片的一键生成秘籍。

处理前

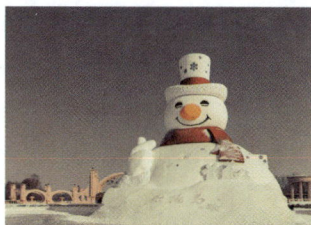
处理后

1 打开照片。选择"滤镜 > Camera Raw 滤镜"命令。

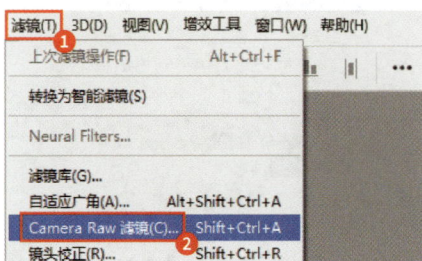

2 弹出"Camera Raw 滤镜"对话框，单击右侧的"预设"按钮 ，展开"风格：电影"菜单，选中"CN05"。单击"确定"按钮即可。

08 精准调色：如何精准调整画面中的某些颜色？

精准调色不仅能够提升照片的艺术表现力，还能有效引导观者的注意力，使其更加集中在我们想要表达的核心内容上。

处理前

处理后

1 打开照片。选择"滤镜 > Camera Raw 滤镜"命令。

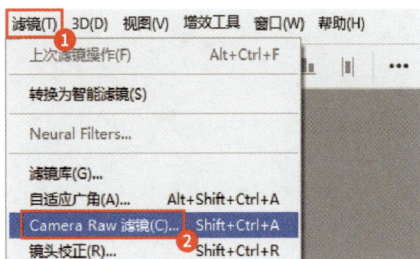

2 弹出"Camera Raw 滤镜"对话框，展开"混色器"选项组，选择"点颜色"选项下的"吸管"工具 ✐。在想要调整的颜色上单击，对颜色进行取样（案例中吸取的是天空中蓝色部分）。

3 将"色相"选项设置为 +1，"饱和度"选项设置为 +33，"明亮度"选项设置为 +14，单击"确定"按钮即可。

秒懂后期修图：
PS+AI
实例精讲（全彩印刷）

▶ 第 7 章 ◀
特殊风格：轻松制作艺术感照片

　　在数字摄影和后期处理的领域里，打造具有特殊风格的艺术感照片已经成为一种趋势。通过巧妙运用独特的色彩调整、特效和构图技巧，就能解锁照片中无限的艺术潜力。

01 日系风格：如何轻松调出日系风格照？

日系风格照片以其独特的清新、淡雅、自然等特点，深受大众青睐。那么，怎样能快速调出一张日系风格的照片呢？

处理前 处理后

1 打开照片。单击"图层"面板下方的"创建新的填充或调整图层"按钮 ⊙ ，在弹出的菜单中选择"自然饱和度"命令。

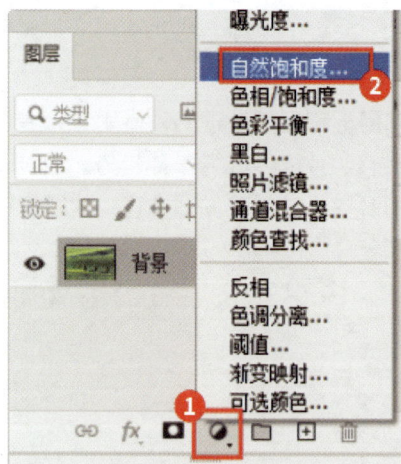

2 在"属性"面板中，将"自然饱和度"选项设置为 +70，"饱和度"选项设置为 –30。

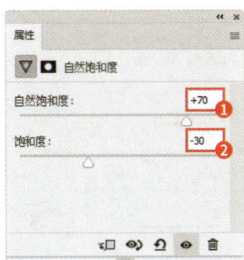

3 单击"图层"面板下方的"创建新的填充或调整图层"按钮 ，在弹出的菜单中选择"色相 / 饱和度"命令。

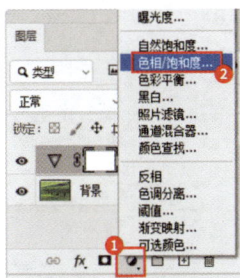

4 在"属性"面板中，将"全图"改为黄色，将"明度"选项设置为 +20。

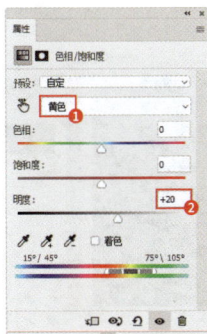

5 继续在"属性"面板中，将黄色改为绿色，将"明度"选项设置为 +30。

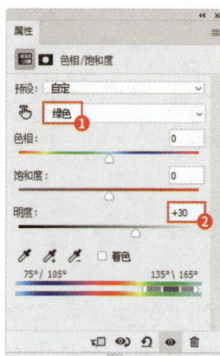

6 单击"图层"面板下方的"创建新图层"按钮 ⊡，生成新的图层。

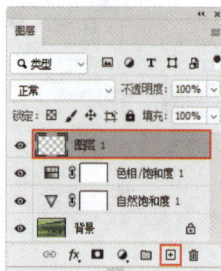

7 在工具栏中单击前景色色块，弹出"拾色器（前景色）"对话框，设置 RGB 值为（178，208，232），单击"确定"按钮。

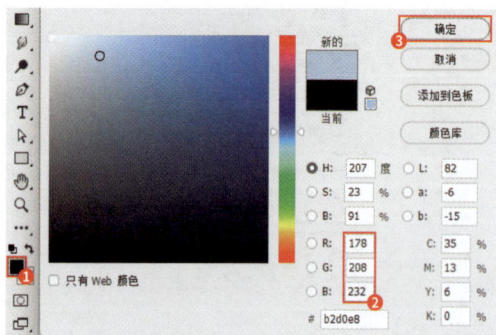

8 按 Alt+Delete 组合键，填充前景色。

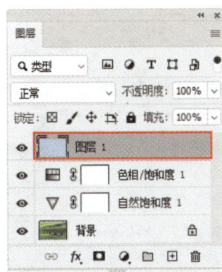

9 将图层的"混合模式"选项设置为"柔光"，"不透明度"选项设置为 45% 即可。

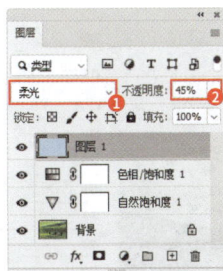

02 电影胶片风格：如何调出电影胶片色调的照片？

电影胶片色调备受当下大众喜爱，给人一种非常强的故事氛围。那么，如何调出电影胶片色调呢？

处理前

处理后

1 打开照片。选择"滤镜 > Camera Raw 滤镜"命令。

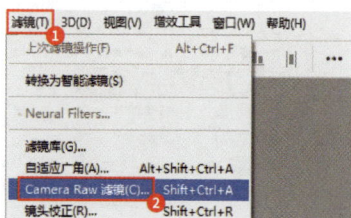

2 弹出"Camera Raw 滤镜"对话框，将"曝光"选项设置为 +0.70，"高光"选项设置为 −20，"阴影"选项设置为 +39。

3 在"混色器"选项组中选择"色相"选项，将"绿色"选项设置为 +11。

4 选择"饱和度"选项，将"绿色"选项设置为 −29，单击"确定"按钮即可。

03 赛博朋克风格：如何把夜景照片调成赛博朋克风格？

赛博朋克风格照片以其独特的视觉元素、鲜明的色彩搭配，以及深邃的思想内涵，成为现代摄影和设计中的一种重要风格。通过前期拍摄和后期制作的结合，可以轻松制作出具有赛博朋克风格的照片，为作品增添独特的艺术魅力。

处理前

处理后

1 打开照片。单击"图层"面板下方的"创建新的填充或调整图层"按钮 ⊘。在弹出的菜单中选择"色彩平衡"命令。

2 在"属性"面板中，将"色调"设置为"中间调"，"青色 – 红色"选项设置为 –40，"洋红 – 绿色"选项设置为 –40，"黄色 – 蓝色"选项设置为 +40。

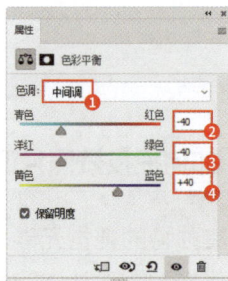

3 将"色调"设置为"高光"，"青色 – 红色"选项设置为 –40，"洋红 – 绿色"选项设置为 –40，"黄色 – 蓝色"选项设置为 +40。

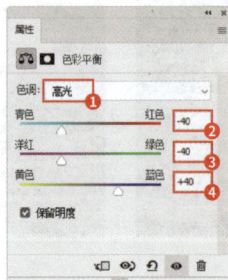

4 单击"图层"面板下方的"创建新的填充或调整图层"按钮 ⬤ 。在弹出的菜单中选择"色相/饱和度"命令。

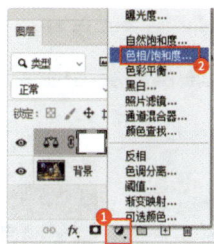

5 在"属性"面板中，将"全图"改为"红色"，"色相"选项设置为 -40。

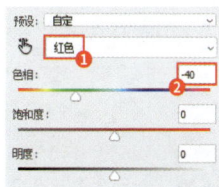

6 将"红色"改为"青色"，"色相"选项设置为 -40。

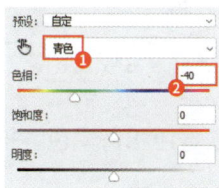

7 将"青色"改为"蓝色"，"色相"选项设置为 -20。

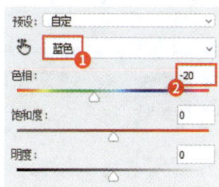

04 添加光晕：如何为风景照添加光晕效果?

光晕能够为平凡的风景照增添一抹梦幻与神秘的色彩。镜头之下，每一帧景色都因这抹独特光晕而焕发出别样的魅力。

处理前　　　　　　　　　　处理后

1 打开照片。单击"图层"面板下方的"创建新图层"按钮 □，新建图层。

2 按 D 键，恢复默认的前景色和背景色。按 Alt+Delete 组合键，填充前景色。

3 选择"滤镜 > 渲染 > 镜头光晕"命令。

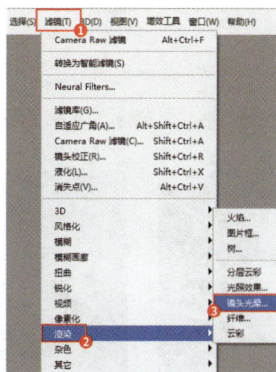

4 弹出"镜头光晕"对话框，选择"50-300 毫米变焦"选项，在预览窗口中，拖曳光晕到适当的位置，单击"确定"按钮。

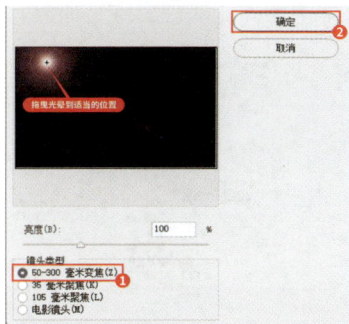

5 将图层的"混合模式"选项设置为"滤色"即可。

05 白天变夜景：如何把白天的风景照变成夜景照？

通过 Photoshop 的后期处理，我们可以把白天的风景照变成夜景照，这样既能突破时间的限制，又能避免多次拍摄的麻烦。

处理前

处理后

1 打开照片。单击"图层"面板下方的"创建新的填充或调整图层"按钮 ◎.，在弹出的菜单中选择"颜色查找"命令。

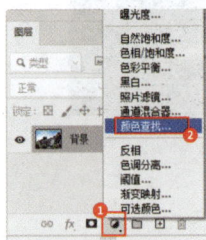

2 在"属性"面板中，将"3DLUT 文件"设置为"Moonlight.3DL"即可。

06 阴天变雪景：如何把阴天的照片变成雪景效果？

　　雪天是自然赋予的美景，却往往可遇不可求。但通过巧妙的后期处理技术，却能让照片"披上一层洁白的雪衣"，瞬间将背景转化为一个银装素裹的景象。

处理前　　　　　　　　　处理后

1 打开照片。按 Ctrl+J 组合键，复制照片，生成"图层 1"。

2 选择"图像 > 调整 > 替换颜色"命令。

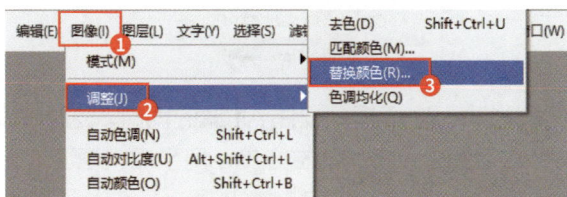

3 弹出"替换颜色"对话框，将"颜色容差"选项设置为 74，"饱和度"选项设置为 –100，将"明度"选项设置为 +100。

4 单击"添加到取样"按钮 ，在照片中希望变白的区域进行单击（案例选择的是黄色草地区域），单击"确定"按钮。

5 单击"添加图层样式"按钮 ，在弹出的菜单中选择"混合选项"命令。

6 弹出"图层样式"对话框，按住 Alt 键的同时，选中"下一图层"中黑色滑块的右半部分，将其向右拖曳，同步观察画面变化，得到理想的效果后松开鼠标，单击"确定"按钮。

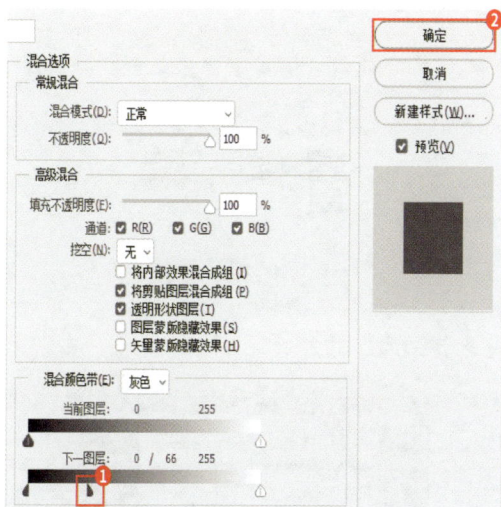

07 水墨风格：如何把风景照变成水墨画效果？

在东方艺术的长河中，水墨画以其独特的韵味和深邃的意境，呈现了一种超凡脱俗的美感。如今，借助 Photoshop 的魔力，我们得以将这种传统艺术的魅力融入摄影作品中。

处理前

处理后

1 打开照片。按 Ctrl+J 组合键，复制照片，生成"图层 1"。

2 选择"滤镜 > 滤镜库"命令。

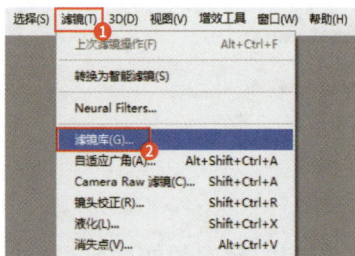

3 弹出"滤镜库"对话框，展开"艺术效果"选项组，选择"干画笔"选项，将"画笔大小"选项设置为 4，"画笔细节"选项设置为 10，"纹理"选项设置为 2，单击"确定"按钮。

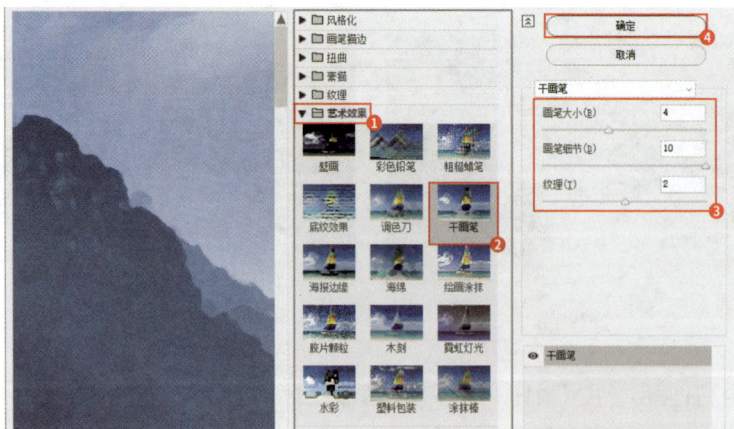

4 选择"滤镜 > 模糊 > 特殊模糊"命令。

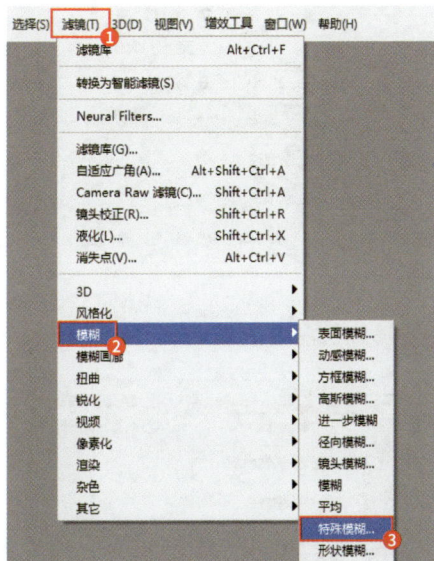

5 弹出"特殊模糊"对话框，将"半径"选项设置为 50.0，"阈值"选项设置为 40.0，单击"确定"按钮。

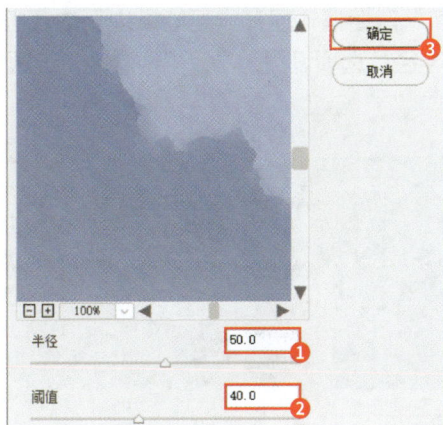

6 按 Ctrl+J 组合键，将图像复制一层，生成"图层 1 拷贝"。

7 选择"滤镜 > 滤镜库"命令。

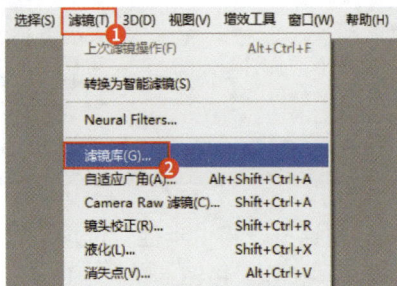

8 弹出"滤镜库"对话框，展开"画笔描边"选项组，选择"喷溅"选项，将"喷色半径"选项设置为 21，"平滑度"选项设置为 9，单击"确定"按钮。

9 将图层的"混合模式"选项设置为"强光"，"不透明度"选项设置为 50%。

10 按 Alt+Shift+Ctrl+E 组合键，盖印可见图层。

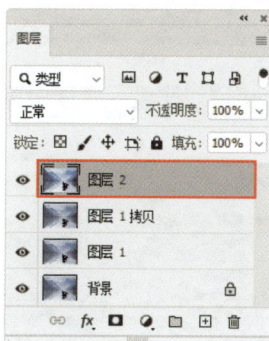

11 按 Shift+Ctrl+U 组合键，即可去除图片的颜色。

12 单击"图层"面板下方的"创建新的填充或调整图层"按钮 ◑，
在弹出的菜单中选择"亮度/对比度"命令。

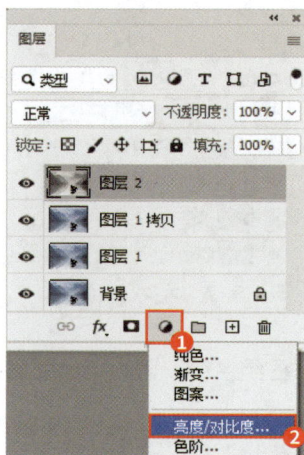

13 在"属性"面板中，将"对比度"选项设置为 50 即可。

08 漫画风格：如何把风景照变成漫画效果？

漫画风格以简洁而富有张力的线条，生动而夸张的色彩，勾勒出一个个充满奇幻想象力的世界。如今，我们可以通过数字技术，将这种充满活力的艺术形式与传统的风景摄影相结合。

处理前　　　　　　　　　　处理后

1 打开照片。选择"滤镜 > Camera Raw 滤镜"命令。

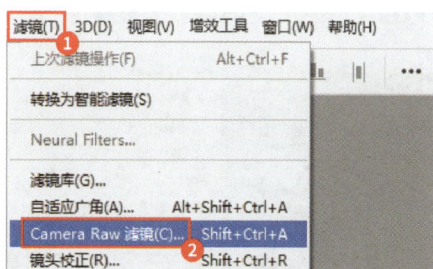

2 弹出"Camera Raw 滤镜"对话框，在"亮"选项组中，依次调整"曝光""对比度""阴影""黑色"的参数。

3 在"颜色"选项组中调整"自然饱和度"的参数。

4 在"混合器"选项组中单击"色相"选项，在"色相"选项中，依次调整"红色""橙色""黄色""绿色"的参数。

5 在"饱和度"选项中，调整"红色"和"橙色"的参数，单击"确定"按钮即可。